LE PETIT LAPAQUE DES VINS DE COPAINS

DU MÊME AUTEUR

Aux éditions Actes Sud

LES BARRICADES MYSTÉRIEUSES, roman, Babel noir n° 319, 1998.
TRIOMPHE DE DIONYSOS, anthologie, avec Jérôme Leroy, Babel n° 392, 1999.
LES IDÉES HEUREUSES, roman, 1999.
MYTHOLOGIE FRANÇAISE, nouvelles, 2002
GEORGES BERNANOS ENCORE UNE FOIS, essai, Babel n° 534, 2002.

Aux éditions Grasset

SOUS LE SOLEIL DE L'EXIL, Georges Bernanos au Brésil 1938-1945.

Aux éditions Stock
CHEZ MARCEL LAPIERRE, collection "Ecrivins", 2004.

Aux éditions Sabine Wespieser
COURT VOYAGE ÉQUINOXIAL, carnets brésiliens, 2005.

Préface à
Yves Camdeborde, *Gourmandises & Régalades*
125 recettes de La Régalade, Robert Laffont, 2003.

ISBN 2-7427-6024-5

SÉBASTIEN LAPAQUE

LE PETIT LAPAQUE DES VINS DE COPAINS

ACTES SUD

Patron, remettez un verre à Christian Authier.

— J'ai soif. Que dirais-tu d'une bouteille de supérieur ?

— Je t'en dirais le goût.

JULES ROMAIN, *Les Copains*.

LA THÉORIE DU 1 %

Une étrange rumeur court de chai en chai, de cave en cave, de vignoble en vignoble. Faite d'approximations et de considérations commerciales hasardeuses, gonflée par des chiffres farfelus, elle est en passe de devenir un nouveau lieu commun. Une idée reçue qu'on entend entre la poire et le fromage dans la France d'en haut, au comptoir du café du Commerce dans celle d'en bas. Gustave Flaubert se serait fait un plaisir d'en ciseler l'énoncé avant de l'intégrer à son dictionnaire. “Vin : pâtit en France de classifications trop compliquées.” Il suffit de tendre l'oreille. “On n'y comprend rien !” radotent les Bouvard et Pécuchet du *drinkement* correct. A défaut de savoir choisir du vin, ces naïfs se raccrochent à l'appellation bordeaux comme à une bouée de sauvetage. Car, celle-ci, ils refusent qu'on la leur enlève, et tant pis si elle est trouée. Pour le reste, ils sont prêts à faire table rase du passé. “Trop d'appellations, trop de cépages, trop de climats, trop de millésimes, trop de terroirs…" Leur tête en bourdonne, comme lorsqu'ils se réveillent après avoir abusé de vin chargé en soufre, en sucre ajouté, en acide tartrique, en saletés et en chimie. "Simplifiez-nous tout ça !" supplient-ils… "Trop de bouteilles, trop de vignerons, trop d'étiquettes nouvelles, trop d'insectes dans les vignes, trop d'étoiles dans le ciel…" On attend le jour où ils exigeront un vin mondialement uniforme conditionné en canettes aluminium. Un vin de la Victoire, comme le "gin de la Victoire" que savoure Winston Smith à la fin de *1984*. On se souvient des mots avec lesquels Orwell commente la résignation de son héros, à la dernière ligne de son roman : "Il aimait Big Brother."

Nous en serons là lorsque nous serons résignés à boire des néovins de cépage, technologiquement parfaits, simples euphorisants destinés à embrumer nos cerveaux pour nous aider à supporter l'impitoyable monde moderne. Pourquoi d'ailleurs ces breuvages seraient-ils encore fruits de la vigne, soumis aux intermittences du ciel, aux caprices du végétal et aux humeurs des hommes ? La viticulture industrielle pourra demain produire des vins hors sol, avec trois récoltes par an sous serre en Chine ou en Australie. Après-demain, des arômes de synthèse, des levures sèches et un peu d'alcool blanc suffiront à transformer un jus de raisin pasteurisé en grand cru classé. Vous souriez ? Nous y sommes presque.

Qu'on se rassure. Ce *presque* est tout. Il est le gage de la liberté de vignerons décidés à retrouver ce qui était perdu. Ou à s'obstiner dans leur façon exceptionnelle de travailler. A la fois une avant-garde, un dernier carré, une réserve d'élite. Et surtout la promesse de toutes les prochaines fois. Il y a ces cuvées mythiques, qui sont la gloire de la France dans le monde entier : vins du Domaine de la Romanée-Conti, Vieilles Vignes françaises de chez Bollinger, hermitage de chez Jean-Louis Chave. Il y a ces viticulteurs qui, depuis trente ans, ont imposé une autre idée du vin, fondée sur une compréhension nouvelle de l'hygiène et de la microbiologie : Marcel Lapierre à Morgon, René-Jean Dard et François Ribo à Mercurol, Pierre Overnoy en Arbois, Anselme Selosse à Avize. Il y a ces belles maisons familiales où l'on ne s'est jamais converti à l'œnologie moderne : Lenoir à Chinon, Binner en Alsace, Valette à Chaintré. Il y a ces kamikazes du vin naturel, prêts à affronter la colère des syndicats viticoles et des représentants de l'INAO : Mark Angeli en Anjou, Claude et Julien Courtois en Sologne, Jean-Marie et Thierry Puzelat à Cheverny. Sans oublier les nouveaux venus, qui renouent le fil d'une tradition rompue : Jean-François Nicq dans le Roussillon, Eric Pfifferling à Tavel, Frédéric

Cossard à Saint-Romain, Bruno Duchêne à Banyuls-sur-Mer, Charles Hours à Jurançon, Emile Hérédia dans le Vendômois, Hervé Villemade à Cheverny, Hervé Souhaut à Saint-Joseph, Alice et Olivier De Moor à Chablis.

Comparé aux volumes énormes produits par les zélateurs de la religion de l'abondance industrielle, la production annuelle de ces viticulteurs paraîtra chiche. Admettons qu'ils soient aujourd'hui 500 en France. Ils exploitent tous des domaines à taille humaine, sans avoir la prétention de concurrencer les *wineries* californiennes. L'ensemble de leurs parcelles représente peut-être 1 % du vignoble français. Le paradoxe est que c'est dans ce "pour cent" que s'est réfugiée la variété des vins français, leur infinie complexité. Les cépages, les terroirs, les cultures, les noms de villages que l'on a envie de se réciter comme un poème... Au moment où certains vignerons, appliquant à la lettre les leçons de leurs professeurs, se sont mis à produire des vins uniformes, concentrés et standardisés par des levures chimiques qui tuent leur potentiel aromatique, une volée d'irréductibles ont eu l'audace de faire le pari de la variété.

Oui, le vin c'est compliqué. Oui, c'est difficile de s'y retrouver. Oui, il faut apprendre à le connaître. Qu'on songe au vocabulaire de la dégustation... A l'œil, un vin peut être coloré, brillant, limpide, trouble. Au nez, intense, complexe, puissant, fin, net, oxydé, réduit. Et ça se complique en bouche où se mêlent l'alcool, les tanins, le sucre, l'acidité... Il y a des vins acerbes et mous, d'autres secs et plats. Des grands crus nerveux et légers, des primeurs ronds et chaleureux... On veut vraiment supprimer cette étonnante variété ? On veut vraiment en finir avec l'arôme des vins fins ? Abolir l'ambre, l'abricot, la rose, le tilleul, le chèvrefeuille, le musc, la résine, la gentiane, le géranium, la violette, la menthe poivrée, l'églantine, le miel, l'anis, la noisette, le kirsch, la merise, le lichen, le bois de santal, le pain grillé, la prune, la groseille, le foin coupé, l'orchidée vanillée, le trèfle, la pivoine, la cerise sauvage, la cire et l'encens ?

Je n'ose pas le croire. Je ne peux pas me résoudre à voir disparaître cet émouvant lieu de mémoire qu'est le vin en France, avec ses histoires, ses légendes, ses usages. D'où cette théorie du 1 %. Dans la grande bourrasque qui secoue aujourd'hui le monde du vin, une poignée de vignerons ont ouvert la voie. Tournant le dos à ceux qui produisent des vins gonflés, boisés, bodybuildés en espérant décrocher une note supérieure à 90/100 dans le *Guide Parker*, ils ont redécouvert l'antique prescription d'Olivier de Serres, qui recommandait, dans son *Théâtre d'agriculture et ménage des champs* (1600), d'"employer et de cultiver les terroirs selon leurs diverses qualités, situations et climats". Comment n'y avoir pas songé plus tôt ? C'est chez ce gentilhomme campagnard, agronome huguenot amoureux du Vivarais, que résidait la sagesse. Non pas chez les *winemakers* qui rêvent d'une viticulture radicale capable de transformer l'arôme des vins fins en cavalerie industrielle, avec poivre et cassis, chocolat et vanille à tous les services… Et plus si affinités !… Ceux qui parcourent le *Guide Parker* comme on lit l'almanach Vermot – pour s'amuser à peu de frais – se souviennent de notes de dégustation où il est question de "monstres", d'arômes de "boîte à épices" et même de "ketchup"… Certes, monsieur Parker, mais de quelle marque de ketchup ? N'en jetons plus.

On se reportera à *Mondovino*, le film de Jonathan Nossiter, pour constater que de l'autre côté de l'Atlantique certains partagent le doute exprimé par Marcel Lapierre : "Je me demande si Robert Parker n'est pas une marionnette des grandes firmes américaines qui ont voulu pousser les vignerons français à la faute."

Heureusement, tous ne sont pas tombés dans le piège. Il reste, en France et ailleurs, des vignerons qui savent que le vrai vin est ailleurs. La plupart d'entre eux ont laissé de côté les pesticides et les engrais chimiques et ont repris, ou n'ont jamais cessé, le travail de la terre. Car ils savent que c'est à la vigne qu'on fait le vin. S'il n'est pas fait à la vigne, il se fait au cuvage, avec tous les trucages et toutes les manipulations que cela implique. Lorsqu'un vigneron travaille avec du raisin issu d'un vignoble biologiquement mort, il n'a pas d'autre solution que de charger ses cuves en levures aromatiques et autres produits de synthèse. En Alsace, le vieux Hugel a un jour transmis cette leçon au jeune Lapierre : la qualité d'un vin dépend de sa complexité, et celle-ci est directement liée au volume de terre fouillé par les racines de la vigne pour survivre. Marcel Lapierre se l'est souvent répété, d'autres s'en sont souvenus avec lui. Leurs crus, aujourd'hui, sont ceux que l'on a envie de boire. Le vin, en France, traverse une période de crise, c'est un lieu commun. Lorsque cette culture du vin disparaît, le goût d'en boire ne résiste pas longtemps. Mais il vit également un formidable moment de renaissance. Notre opiniâtre "pour cent" d'irréductibles tire aujourd'hui vers le haut une nouvelle génération de vignerons. Rien n'est jamais perdu pour toujours. C'est une autre leçon à ne pas perdre. Elle date de l'Ecclésiaste : "Ce qui fut, cela sera, ce qui s'est fait se refera."

SÉBASTIEN LAPAQUE

AVERTISSEMENT

Les vins présentés dans ce carnet ont été dégustés au hasard et souvent. A un classement par région, il nous a semblé possible de substituer un ordre inspiré par la carte des restaurants et l'ardoise des bistrots. D'abord les bulles, pour s'égayer la bouche, puis les blancs, les rosés et les rouges, par ordre de prix croissant. Cette collection fait une large place à des artisans privilégiant l'expression naturelle de leurs vins. Elle n'est ni exhaustive, ni objective. Certains diront ses manques et ses partis pris. D'autres seront choqués d'apprendre qu'elle ne retient nul grand vin de Bordeaux. Ainsi les blâmes qu'elle suscitera diront sa nouveauté mieux que tous les éloges.

BULLES

Que les saint-cyriens avec leurs gants blancs
Que les saint-cyriens se montrent galants
Ils offriront aux dames du champagne.

LOUIS ARAGON, *Le Roman inachevé.*

VDT BOISSON ROUGE, DOMAINE DE MONTRIEUX

Les vignerons attachés à produire des vins naturels ont un côté farceur qui ne laisse pas de désespérer les Longues Figures de l'œnologie moderne. Voyez Emile Hérédia et sa cuvée Boisson rouge. Un pur gamay vinifié sans filtration, sans acide et sans soufre, dont l'effervescence naît du travail spontané des levures dans la bouteille capsulée. Un vin à la bulle légère et au goût de fruit frais écrasé. J'en vantai un jour les mérites à Henry Marionnet, à qui cette drôlerie faisait lever les yeux au ciel. Le malheureux ! Pétillant naturel d'un genre un peu particulier, la cuvée Boisson rouge n'est pas faite pour être produite par lot de 100 000 bouteilles. C'est un produit de ferme, un vin de soleil et de rigolade qu'il faut emporter dans sa musette à la pêche aux gardons. Ce vin de pique-nique rouge et rebelle gicle en geyser à l'ouverture. Ce ne sont plus des bulles, c'est une éruption, une révolution. Laurent Navarro, de la cave *Vinéa* à L'Union, me jure qu'il a une technique pour ne pas en perdre la moitié chaque fois. Je n'ai pas eu le temps d'assister à son cours lors de mon dernier passage à Toulouse. Rendez-vous est pris pour la prochaine fois. A *La Muse Vin*, rue de Charonne à Paris, la cuvée Boisson rouge est servie à la tireuse, comme un demi pression, ce qui la rend beaucoup moins explosive, partant beaucoup moins drôle. Mais on ne peut pas avoir tous les jours la tête aux bêtises.

Domaine de Montrieux
41100 Naveil
Tél. : 02. 54. 77. 75. 40
Prix caviste : 10 €

MAUZAC NATURE, PLAGEOLES

A Gaillac, Robert et Bernard Plageoles sauvegardent les usages et les traditions de l'un des plus vieux vignobles français. Dans le Tarn, il n'y a guère que Michel Issaly et Patrick Lescarret pour travailler de cette manière. Mais ne contestons pas leur droit d'aînesse aux Plageoles, qui tirent depuis des années une appellation sinistrée vers le haut. Tournant le dos aux cépages à gros rendements chéris par les tenants de la viticulture industrielle, ces artisans vignerons se sont obstinés à redécouvrir et à replanter des cépages autochtones victimes du phylloxéra : ondenc, côt à queue rouge, mauzac. Du mauzac, plant-vedette de l'appellation, Robert et Bernard Plageoles emploient le gris, le rose, le roux et le vert. Nous dirons plus loin la valeur de leurs moelleux et de leurs vins de voile, devenus de vraies raretés pour les amateurs. Attirons ici l'attention sur leur pétillant naturel issu du mauzac. Pas de méthode champenoise chez eux. L'effervescence est obtenue selon la méthode gaillacoise, également dite rurale, grâce à la rencontre spontanée des ferments du raisin et de son sucre naturel. Ce qui donne naissance à un pétillant en liberté, gentiment troublard, sublime de gourmandise et de légèreté, qui titre à 10° d'alcool. Un vin au nez confituré de pomme, de miel, d'amande et de brioche, à la finale de violette. Magnifique.

Domaine des Très Cantous
81140 Cahuzac-sur-Vère
Tél. : 05. 63. 33. 90. 40
Prix caviste : 11 €

VDT PÉTILLANT NATUREL, PUZELAT

Associé à son frère Jean-Marie dans la direction du Clos du Tue-Bœuf, dont les douze cuvées de touraines, de chevernys blancs et rouges et de vins de table font notre bonheur, Thierry Puzelat vinifie également du raisin acheté sur pied à des vignerons qui ont le même respect de la terre et du végétal que lui. Parmi la quinzaine de cuvées de son négoce, son pétillant naturel est issu de vieilles vignes de menu pineau (2/3) et de meslier (1/3). Le choix d'employer en vinification une méthode ancestrale plutôt que la méthode champenoise est né d'un constat simple : "C'est dommage de rajouter du sucre pour lancer la prise de mousse alors qu'il suffit de ramasser le raisin mûr pour que le vin pétille tout seul." Vin de millésime en liberté, sec et sans bavure, le pet' nat' de Thierry Puzelat titrait à 11,8 ° d'alcool en 2001 et à 13,2° en 2003. Il ne subit ni levurage des moûts, ni sucre ajouté, ni soufre après dégorgement. Le vigneron en produit 3 500 à 4 000 flacons chaque année. Après avoir passé quelques semaines en cuve, le vin est embouteillé sur lies fines. Rangées sur des pupitres à la manière des vins de Champagne, les quilles sont dégorgées de dix-huit mois à deux ans plus tard. "Tous les vignerons qui produisent du pétillant naturel ne le font pas, mais j'y tiens. Cela permet de se débarrasser du dépôt. Lorsqu'il reste des lies dans la bouteille, le vin est trop irrégulier. Certains jours, il est réduit. Moi, c'est plutôt avec l'oxydation que j'ai eu des problèmes au début. Les vins se coloraient. Jérôme Prévost m'a aidé en me conseillant d'attendre quelques heures avant de refermer la bouteille après dégorgement." Vrai produit de ferme, ce pétillant naturel de Touraine affiche un bel équilibre entre sucre et acidité. Issu d'un terroir de silex, il est sec, frais et tranchant tout en restant agréablement fruité. Ce qu'on appelle l'harmonie.

Thierry Puzelat
14, rue des Manières
41120 Les Montils
Tél. : 02. 54. 44. 05. 06
Prix caviste : 11 €

SAINT-PÉRAY, LES CHAMPS LIBRES

Il semble que l'habitude de produire un vin blanc effervescent à la manière champenoise soit assez ancienne à Saint-Péray, terroir ardéchois de 70 hectares coplanté en marsanne et roussane. Sans remonter aux considérations de Pline l'Ancien sur la viticulture, ni aux premières implantations de vigne sur les côtes du Rhône septentrionales par les Romains, saluons la mémoire d'Alexandre Faure, vigneron saint-pérollais qui invita en 1825 un caviste champenois à l'initier à la prise de mousse. C'est ainsi que le premier saint-péray pétillant vit le jour dans la France de Louis XVIII. Lamartine, Baudelaire et Daudet le père se régalèrent avec ce vin roi d'un XIXe siècle pas toujours aussi stupide que l'a dit Daudet le fils. Longtemps après que le phylloxéra a dévasté les vignes de Saint-Péray, ce gentil vin blanc effervescent n'est malheureusement plus ce qu'il était. Je remercie Bertrand Auboyneau, bienveillant patron du *Bistrot Paul-Bert* à Paris, de m'avoir fait découvrir le saint-péray vendu à l'enseigne des Champs Libres, une maison de négoce rhodanienne à laquelle veille René-Jean Dard. Un vin frais, fruité, biscuité, non dosé en sucre, qui se révéla magnifique de gourmandise sur une galette des rois de Jean-Luc Poujauran partagée avec Mauro Bergamasco, troisième ligne aile du Stade français et de l'équipe d'Italie. Mauro ne buvait pas, car il avait un entraînement le lendemain, mais il eut la fève, ce qui annonçait deux, trois, de nombreuses victoires à venir à la Squadra azzura.

Les Champs Libres
Chez Dard et Ribo
266000 Mercurol
Tél. : 04. 75. 07. 40. 00
Prix caviste : 12 €

CERDON DU BUGEY, BARTUCCI

Natif du Bugey, où il possédait une maison de campagne, Anthelme Brillat-Savarin avait une prédilection pour le vin de sa vigne, baptisé côte-grêle. Ce vin de soif était composé de poulsard, de roussette et de mondeuse, cépages locaux auxquels furent adjoints le pinot, le gamay et le chardonnay après l'anéantissement du vignoble par le phylloxéra au milieu du XIXe siècle. Il fut alors nécessaire de tout replanter. On ne sait pas si l'auteur de la *Physiologie du goût* était amateur de pétillants avec prise de mousse spontanée en bouteille. Ces crus frais, légers et fruités, avec un nez de fraise et de framboise, où se mêlent les arômes primaires du pressurage et les arômes secondaires de la fermentation alcoolique, sont commercialisés sous l'appellation cerdon depuis une cinquantaine d'années. Mais les vignerons du Bugey en produisent depuis beaucoup plus longtemps pour leur consommation personnelle. Cette méthode ancestrale de vinification est pratiquée dans peu d'appellations. La dégustation des vins qui en sont issus est toujours une surprise pour les palais habitués aux champagnes dont la prise de mousse s'effectue lors d'une seconde fermentation alcoolique, par ajout de liqueur de tirage et quelquefois de levures chimiques. Cette technique donne l'avantage aux arômes de vieillissement, faisant perdre au vin le nez fruité qu'il avait à la presse. C'est ainsi que certains se voient obligés d'ajouter dans leur verre une liqueur de mûre, de cassis ou de framboise pour confectionner un kir qui n'a de royal que le nom. Qu'il nous soit permis ici de leur suggérer de découvrir le cerdon de Raphaël Bartucci, délicieux glacé au cœur de l'été.

Raphaël Bartucci
Chemin du Paradis
01450 Mérignat
Tél. : 04. 74. 39. 95. 94
Prix caviste : 14 €

CHAMPAGNE GIMONNET, CUIS 1er CRU

Notre passion pour les champagnes issus du pinot noir (Drappier, Prévost, Beaufort) ne nous fait pas négliger quelques blancs de blancs vifs, floraux, fins et minéraux, toujours très agréables avant de passer à table. Comment mépriser ces champagnes qu'on a envie de servir aux dames avec des gants blancs ? Chez Michel, Olivier et Didier Gimonnet, vignerons de tradition qui possèdent 25 hectares de chardonnay sur la côte des blancs, la dégustation commence avec la cuvée Cuis 1er cru, mise en bouteilles après un vieillissement sur lies fines. Un vin à la robe or pâle, doucement parfumée, jeune, vif et floral. La bouche est rafraîchissante et la bulle sautillante de bonheur. Loin des usages en cours dans l'agro-bizness, ce champagne vendu à un prix raisonnable naît d'un mode de culture traditionnel, avec des traitements doux, des rendements bas et des vendanges manuelles. La découverte des champagnes Gimonnet, belle maison familiale établie à Cuis depuis 1750, se poursuit avec la cuvée Club hors classe. Faiblement dosé avant expédition, ce champagne a un caractère plus marqué que le Cuis 1er cru. L'amateur éclairé ne s'arrête pas en si bon chemin. Après le Club hors classe, il faut découvrir la cuvée nature baptisée Œnophile, même si en toute logique c'est par le champagne non dosé qu'on débute le plus agréablement. Cet extra-brut signé Gimonnet a un nez d'acacia et de pêche blanche, une bouche équilibrée. Frais et impeccable.

Champagnes Gimonnet
51530 Cuis
Tél. : 03. 26. 59. 78. 70
Prix caviste : 17 €

CHAMPAGNE, BRUT NATURE, DRAPPIER

Ce qui fait la singularité des champagnes de la maison Drappier, qui produit un million de bouteilles par an, c'est une idée du vin qui commence par un rigoureux travail de la terre. Labour de sols, désherbants écologiques et engrais naturels sur 50 hectares de vignes appartenant à la famille et 30 hectares en fermage. Chez les Drappier, le pinot noir est roi (70 %), le chardonnay (15 %) et le pinot meunier (14 %) assurant l'équilibre d'assemblages variés auxquels il faut ajouter quelques cépages rares : pinot blanc, arbanne, petit meslier. Parmi tant de belles réussites nées de vinifications à basse température et d'un usage mesuré du soufre, l'amateur éclairé plébiscite la cuvée Brut nature, pinot noir, zéro dosage : un blanc de noir 100 % première presse, auquel n'est pas ajouté le moindre gramme de sucre. Ce champagne en liberté, vineux et fruité, possède un étonnant nez de pain, de pomme et de gelée de coing. Réservé à la consommation familiale des Drappier, il est commercialisé depuis à peine vingt ans, à la demande d'amateurs éclairés qui en ont fait leur champagne de prédilection après l'avoir dégusté à Urville.

Champagnes Drappier
Rue des Vignes
10200 Urville
Tél. : 03. 25. 27. 40. 15
Prix caviste : 22 €

CHAMPAGNE VOUETTE ET SORBÉE, CUVÉE FIDÈLE

Las de faire office de producteur de raisin au profit de ces messieurs de la cave coopérative, Bertrand Gautherot vole désormais de ses propres ailes en vinifiant avec un soin extrême le raisin récolté sur 4 hectares de vignes nichées dans le Sud de l'appellation. Pinot noir et chardonnay donnent naissance à des vins goûteux au caractère affirmé. Deux cuvées monocépages et une cuvée d'assemblage composent la gamme de cette belle maison. Avouons notre faveur pour la cuvée Fidèle extra-brut, 100 % pinot noir, faiblement dosée. Une cuvée qui a le nom d'un petit chien que cajolait Mme de Sévigné et l'agrément d'un grand vin. L'artiste vinificateur parle de ce magnifique champagne mieux que personne. "Toute notre volonté au domaine est de rester discret mais présent aux côtés de chaque cuvée. La fidélité est exclusive par définition. Dans ce vin vous retrouverez toutes les saveurs vineuses du seul pinot noir, de nettes sensations calcaires, signe d'un pur sol kimmeridgien, la souplesse d'une vraie fermentation…" Bertrand Gautherot fait partie de ces vignerons qui ne sont pas obsédés par l'acidité, persuadés que seule compte la minéralité. Son blanc de noir a une robe or foncé, une structure complexe, une longue finale de truffe.

Vouette et Sorbée
8, rue de Vaux
10010 Buxières-sur-Arce
Tél. : 03. 25. 38. 79. 73
Prix caviste : 30 €

CHAMPAGNE, CUVÉE CHARLES DE GAULLE, DRAPPIER

Le général de Gaulle, qui faisait servir du beaujolais de Jules Chauvet à son ordinaire à l'Elysée, avait aussi bon goût en matière de bulles. En témoigne une facture datée du 3 mars 1965 présentée dans le hall d'entrée de la maison Drappier à Urville. Le président de la République avait commandé 24 bouteilles de champagne extra-dry pour sa cave personnelle de la Boissière. Six décennies plus tard, Michel Drappier, qui veille aux destinées de la maison familiale après son père André, s'en souvient avec fierté. “Cet extra-dry était un champagne 100 % pinot noir, issu de coteaux exposés plein sud et dosé au minimum. En 1990, pour le cinquantième anniversaire de l'appel du 18 Juin, nous avons voulu saluer la mémoire du général de Gaulle en proposant une cuvée qui ressemble au vin qu'il aimait. C'est un champagne composé de 80 % de pinot noir et de 20 % de chardonnay. Mais cet hommage est réservé. Nous en produisons 5 000 ou 6 000 bouteilles au maximum par millésime.” Un hommage naturel, puisque Urville, petit village planté sur la côte de Bar, est plus près de Colombey-les-Deux-Eglises que de Reims.

Champagnes Drappier
Rue des Vignes
10200 Urville
Tél. : 03. 25. 27. 40. 15
Prix caviste : 30 €

CHAMPAGNE, LA CLOSERIE, JÉRÔME PRÉVOST

Encore un vigneron braconnier aux méthodes de travail exigeantes : labour des sols, cueillette du raisin à maturité des peaux, sulfitage modéré (5 gr/hl). Ils sont peu nombreux, en Champagne, à se soumettre avec une telle humilité aux conditions du milieu. Sur les 34 000 hectares que compte l'appellation, 100 hectares sont cultivés en agriculture biologique. Jérôme Prévost s'y est mis dans le sillage d'Anselme Selosse. Issu exclusivement du pinot meunier, son champagne est un blanc de noir d'un genre unique. Un vin au nez automnal de sarments de vigne et de pain grillé, à la bouche fruitée de pêche jaune et d'agrumes, sèche et oxydative sur la longueur.

Champagnes Jérôme Prévost
La Closerie
2, rue de la Petite-Montagne
51390 Gueux
Tél. : 03. 26. 03. 48. 60
Prix caviste : 34 €

CHAMPAGNE BEAUFORT, AMBONNAY GRAND CRU BRUT MILLÉSIMÉ

La robe de ce champagne millésimé est or pâle, son nez alcooleux. C'est un champagne très typé aux arômes de gelée de coing, de truffe, d'alambic et à la bouche beurrée. Le pinot noir (80 %) lui donne de la charpente, du corps, de la sève et de la générosité ; le chardonnay (20 %), de la légèreté et de la fraîcheur. Depuis 1970, les vignes d'André et Michel Beaufort sont cultivées sans engrais chimique, sans désherbant, sans insecticide, ni fongicide de synthèse, engraissées avec du compost végétal et soignées par aromathérapie et homéopathie. C'est dire si nous avons affaire à des vignerons d'exception, précurseurs en maints domaines. Leurs vins, qui ne le sont pas moins, ont leurs partisans et leurs détracteurs.

Champagnes Beaufort
1, rue de Vaudemanges
51150 Ambonnay
Tél. : 03. 26. 57. 01. 50
Prix caviste : 35 €

CHAMPAGNE BRUT ROSÉ, BILLECART-SALMON

Dans un entretien accordé à *Madame Figaro*, Mathilde Seigner renoua un jour avec la verve qui fait son charme en confessant un vice impuni. “Ou je ne bois rien, ou je bois trois ou quatre litres de champagne. Le champagne, c’est ma drogue. Je ne suis pas une alcoolique, parce que l’alcoolique, c’est celui qui boit régulièrement et qui est dépendant. Or je ne suis pas dépendante. Disons que je suis une ivrogne…” Les lois punitives qui régissent les démocraties commerciales interdisant à l’actrice d’indiquer sa cuvée préférée, imaginons laquelle. Le brut rosé de Billecart-Salmon lui irait plutôt bien à la gouaille et aux joues. Un champagne à ne jamais offrir au moment du dessert. Le café et le chocolat, autant que le sucre, lui sont fatals. Il faut en vider les flacons comme on vide le cœur d’un après-midi de soleil, en se récitant des poèmes. “Dis-le-moi, mon amour est-il vrai que tu m’aimes / Car je veux si c’est vrai le crier dans la nuit…” On en boit une autre ? Les champagnes rosés n’ont guère notre faveur, mais celui-ci emporte notre adhésion. Vinifiée en rouge, une partie du pinot noir de l’assemblage l’habille de reflets saumon. Son nez élégant, son effervescence de dentelle, sa bouche tendre et rouge, sa finale de velours vous font l’*i* grec à l’yvrogne.

Champagnes Billecart-Salmon
40, rue Carnot
51160 Mareuil-sur-Ay
Tél. : 03. 26. 52. 60. 22
Prix caviste : 45 €

CHAMPAGNE, CONTRASTE, SELOSSE

Prince de la côte des blancs, Anselme Selosse a acquis depuis quelques années une petite parcelle de pinot noir du côté d'Ay. Son premier souci, en récupérant cette terre percluse d'intrants, a été d'y rétablir une vie organique en la cultivant avec soin, sans engrais chimiques, ni désherbant, ni insecticide, ni fongicide de synthèse, et en la nourrissant avec du compost végétal. Des tailles très courtes, des rendements faibles et des vendanges à maturité lui permettent aujourd'hui d'obtenir des raisins magnifiques qui fermentent doucement en barriques après pressurage, sans ajout de levures sélectionnées en laboratoire. "Elles appauvrissent le potentiel aromatique des vins auxquels on dessine un contour dont ils ne peuvent plus sortir", insiste le vigneron. Nul esprit dogmatique chez Anselme, mais une quête de perfection infinie. Ainsi à propos du soufre, qu'il emploie en infime dose. "Je ne refuse pas le soufre par principe mais en tant qu'il dégrade les éléments d'élégance. Je ne prétends pas faire un vin biologique ou biodynamique, mais expressif et naturel." En 1998, une première vinification de ses pinots a donné naissance à un blanc de noir, puissant et minéral, aux subtils arômes de fruits rouges caractéristiques du cépage. Pour ceux qui connaissent les blancs de blancs Selosse, la dégustation de la cuvée Contraste est un moment extrêmement instructif. Elle permet de déceler, par-delà l'origine, la signature infalsifiable du maître.

Champagnes Jacques-Selosse
22, rue Ernest-Vallée
51190 Avize
Tél. : 03. 26. 57. 53. 56
Prix caviste : 50 €

CHAMPAGNE, SUBSTANCE, SELOSSE

Dans son *Liber apologeticus*, Anselme de Cantorbéry, moine latin du XIe siècle qui fut abbé du Bec-Hellouin, démontre que s'il existe une graduation du moins bon vers le meilleur, au sens comparatif, alors il existe nécessairement un Meilleur, au sens superlatif. On ne pouvait pas imaginer un saint patron mieux trouvé à Anselme Selosse. Lorsqu'il a repris la maison familiale fondée à Avize au lendemain de la Seconde Guerre mondiale, ce vigneron s'est fait du champagne une idée telle que rien de plus grand ne peut être pensé. Depuis ce jour, il la poursuit saison après saison, sur 7,5 hectares de vignes situées sur de magnifiques terroirs autour d'Avize. Une majorité de chardonnay, un petit peu de pinot noir et une passion sans mesure.

"Avant d'être vigneron, je suis cultivateur. Un nom dans lequel j'entends l'écho du mot culte, l'hommage rendu à ce qu'on aime, insiste cet adepte de la philosophie du non-agir. Un grand vin ce n'est pas une création, c'est une évidence, une origine, un climat, un biotope. En Champagne, l'ancienne école préfère penser qu'une grande cuvée est un chef-d'œuvre de construction humaine. J'ai connu les vieux chefs de cave qui portaient au plus haut point cette vision anglo-saxonne, qui privilégie le procédé et la marque. Je me suis tourné vers une vision méditerranéenne, où l'origine et la culture importent plus." A sa sortie du lycée viticole de Beaune, Anselme Selosse s'est beaucoup intéressé à l'activité des sols dans le sillage de Claude Bourguignon, un ingénieur agronome franc-tireur qui a la hardiesse de dénoncer la lente sahélisation des terroirs que les vignerons ne travaillent plus. Compactée, privée d'apports organiques, lessivée chimiquement, la terre épuisée a cessé d'être nourricière. Et le raisin appauvri a besoin du soutien de la chimie. "J'ai tourné le dos aux vinifications technologiques il y a plus de vingt ans, insiste le vigneron. Le champagne que je produisais ne me satisfaisait pas. Je m'en faisais une idée préconçue. Pour lui donner de la fraîcheur, de la droiture, de la pointe, de l'élévation, j'en faisais un produit trop élaboré.

«Arrête de faire ton œuvre», m'a dit un ami architecte. Il avait raison. Ce n'était pas la peine de s'épuiser à la cave. Il fallait revenir à la vigne, comprendre le fonctionnement de l'ensemble de l'écosystème, plante, sol, micro-faune et micro-flore." Les noms des cuvées des Champagnes Jacques-Selosse témoignent d'une démarche quasi métaphysique. Notre faveur va à la cuvée blanc de blanc Substance à laquelle est appliquée la méthode des *solera* dont Anselme a trouvé l'idée en Espagne, chez les vignerons de Jerez. Elle consiste à additionner les millésimes successifs dans une cuve unique pour faire "éduquer" les jeunes vins par les anciens et obtenir un "antimillésime" dont un nombre limité de bouteilles est prélevé chaque année. L'objectif, qui aurait enchanté Aristote, est d'effacer l'*accident* au profit de la *substance*. Les flacons actuellement mis en vente sont issus d'un assemblage qui a commencé en 1986. La cuvée Substance est un champagne extraterrestre, le pur produit du terroir mental d'un vigneron d'exception. Un vin au nez de noix et d'amande, à la bouche crémeuse et iodée. Après une heure de carafe, il s'éloigne de l'organique pour tendre vers son essence minérale, rivalisant avec les très grands bourgognes blancs. Du jamais bu.

Champagnes Jacques-Selosse
22, rue Ernest-Vallée
51190 Avize
Tél. : 03. 26. 57. 53. 56
Prix caviste : 90 €

CHAMPAGNE, VIEILLES VIGNES FRANÇAISES, BOLLINGER

Eric Frechon, le chef du *Bristol*, a naguère consacré un livre de cuisine à *Tout ce que vous devez avoir goûté au moins une fois dans votre vie* (Le Chêne, 2003). On y trouve en désordre la truffe blanche d'Alba, le bœuf de Kôbe, les larves de guêpes, la langouste royale, la poularde de Bresse, le citron yuzu. Il faut ajouter un grand champagne millésimé, Clos du Mesnil de chez Krug ou Vieilles Vignes françaises de chez Bollinger. Le nom de cette dernière cuvée fait rêver. Des vieilles vignes françaises… Celles du clos Saint-Jacques et du clos des Terres Chaudes, à Ay, ont été reproduites depuis la nuit des temps par marcottage, ou provignage, un mode de culture qui consiste à enterrer un des bras de la vigne pour lui faire prendre racine. Cette méthode ancestrale, que perpétuent également les Lenoir à Chinon, permet d'éviter les porte-greffes américains importés après la crise du phylloxéra. Surtout, elle offre la possibilité de donner naissance dans un rang ou sur toute la surface d'un clos à de nouvelles vignes qui sont aussi de très vieilles vignes. Les rendements d'une telle plante sont évidemment bas. A Ay, 40 ares de vieux pieds de pinot noir permettent aux chefs de cave de la maison Bollinger de produire 3 000 à 4 000 bouteilles par an. Mais quelles bouteilles. La fleur et le fruit d'une gamme exceptionnelle. Le millésime 1996 avait une couleur foncée, un nez brioché aux notes confites de coing, d'amande et de cire d'abeille. Une oxydation maîtrisée et un dosage sans doute très faible lui conféraient en bouche des arômes complexes de malt et de tourbe. Les saveurs de pêche, de sous-bois, de fruits rouges se bousculaient en cascade sous le palais, égayée par une bulle d'une grande fraîcheur. Et quelle longueur : ce vin n'en finissait pas d'inventer des perceptions nouvelles. Une seule fois dans sa vie, vous croyez vraiment ? Patron, envoyez la petite sœur !

Champagnes Bollinger
16, rue Jules-Lobet
51160 Ay
Tél. : 03. 26. 53. 33. 66
Prix caviste : 500 €

BLANCS

— Un muscadet, dit-il en posant les deux coudes sur le marbre blanc où vingt ronds de verre enlacés faisaient un bouquet de marguerites.

JACQUES PERRET, *Le Vent dans les voiles.*

MUSCADET, AMPHIBOLITE NATURE,
JOSEPH LANDRON

Le muscadet, vin de soif et d'amitié que François Villon chantait déjà au XVe siècle, est issu d'un cépage unique, le melon de Bourgogne, répandu et estimé dans différents vignobles du vieux pays au milieu du Moyen Age. A part quelques très rares et très précieux pieds replantés par Jean Montanet du côté de Vézelay, il n'en subsiste aujourd'hui que 13 000 hectares sur le vignoble nantais, où quelques artisans font en sorte que la minéralité droite et élégante des vins qui en sont issus soit la pure expression de leurs terroirs. Ainsi l'Amphibolite nature de Jo Landron, un muscadet à la robe couleur d'or pâle issu de raisins récoltés très mûrs sur des vignes travaillées selon les normes de l'agriculture biologique. Un vin joyeux et rafraîchissant, qui doit son nom aux amphibolites, ces roches vertes et riches en minéraux ferromagnésiens, qui composent le sous-sol des parcelles dont il est issu. Les amphibolites donnent au muscadet finesse et droiture, pureté, fraîcheur et légèreté. Sur les 45 hectares que compte aujourd'hui le Domaine de la Louveterie, les parcelles sur amphibolites permettent à Jo Landron de produire un muscadet fringant et sympathique, faible en alcool (11°) et aussi peu soufré que possible. Un vin à déguster jeune, sur un comptoir de bistrot ou avec des huîtres bretonnes de Tony Daniel, le fournisseur cancalais d'Olivier Roellinger. Les beaux jours, son nez de citron, d'agrumes et de fruits frais est complété par des notes salées et iodées, comme si une brise marine venue de l'Atlantique venait souffler dans le verre, invitation à tous les appareillages.

Domaine Landron
3, impasse du Fief-du-Breil
44690 La Haye-Fouassière
Tél. : 02. 40. 54. 83. 27
Prix caviste : 7 €

VIN DE TABLE NATURE, CHAPEAU GRIS,
MARC PESNOT

Le Chapeau Melon est le nom d'une cave à vins tenue par Olivier Camus, qui a ouvert sa propre enseigne dans le 19e arrondissement de Paris après avoir longtemps secondé Raquel Carena au *Baratin*. Au *Chapeau Melon*, on peut non seulement acheter de belles bouteilles de vin naturel, mais également déguster pains, fromages et charcuterie autour des tables installées dans l'arrière-salle. A cette occasion, on ne manquera pas de goûter l'étonnante cuvée aux couleurs de la maison. Olivier Camus fait partie de ces professionnels consciencieux qui, après s'être promenés dans le vignoble, aiment en revenir une mise à leur nom. Le vin de table nature Chapeau Melon est une superbe cuvée de melon de bourgogne qui serait classée en muscadet sans les chicaneries des commissions d'agrément. Un jus à l'ancienne, tiré au printemps, ni collé, ni filtré et non soufré, magnifiquement goûteux, perlant et troublard. Le chef-d'œuvre d'un vigneron militant pour l'expression de son cépage, de son terroir et de son climat. Amateur d'appareillages au muscadet, Jacques Perret aurait apprécié ce muscadet *off* qu'un certains nombre de cavistes bien informés n'ont pas tardé à se procurer. Ainsi au *Tire-Bouchon*, à Toulouse, chez Philippe Lagarde.

Marc Pesnot
La Sénéchalière
44450 Saint-Julien-de-Concelles
Tél. : 02. 40. 03. 72. 98
Prix caviste : 8 €

VDP DU LOIR-ET-CHER, LES CAPRIADES, POTAIRE

C'est à *La Cave du Sommelier* de Cancale, ouverte par Eric Macé après celle de Rennes, que j'ai découvert le chardonnay de Pascal Potaire. Vinifié en pétillant naturel, il était frais et dansant, titrait à 13° d'alcool et n'encombrait pas la bouche de sucre résiduel. Le parfait compagnon d'un déjeuner de soleil. Quelques mois plus tard, je découvrais le chardonnay sec de la cuvée Les Capriades aux *Caves Augé* à Paris. Un vin étrange, à la robe jaune, légèrement voilée, au nez et à la bouche intenses d'arachide fraîche. "Je ne crois pourtant pas qu'il ait mis de cacahuètes dans les cuves", s'amusait Carole Fontaine, heureuse d'avoir vendu pour 1 000 euros de mouton-rothschild à des Japonais à calculette échappés du *Crillon.* Une belle vente et surtout une livraison plus facile que s'ils avaient commandé pour 1 000 euros de Capriades. Mais ne nous moquons pas. Il y a des Japonais passionnés de vins naturels, j'en ai observé à Roissy qui rentraient chez eux avec des caisses de morgon de Jean Foillard. Et il y en a qui sont allés rendre visite à Pascal Potaire, qui a vinifié plusieurs cuvées pour Junko Araï au Domaine de Bois Lucas. Je proposai donc à mes buveurs de mouton un verre de Capriades, qu'ils refusèrent poliment. Ainsi restai-je presque seul avec ce vin riche et rustique, vivant et organique, reprenant *Septentrion* de Luis Calaferte qui m'enchantait. "Homme magistralement vivant, j'entre et dépose la fécondation dans le bulbe du monde. Laisse maintenant reposer en toi ce fruit blême le temps qu'il faudra, je t'ai chargée du magistral éveil de la vie. Il est abominablement facile que l'homme ne soit que cela, *liquide*, au commencement et à la fin." Sous le ciel gris de Paris, il n'y avait, ce jour-là, rien à ajouter.

Les Capriades
8, rue des Aiguillons
41110 Mareuil-sur-Cher
Tél. : 02. 54. 75. 39. 92
Prix caviste : 8 €

EDELZWICKER, SCHUELLER

L'étiquette de l'edelzwicker produit par Gérard Schueller et son fils Bruno porte l'extraordinaire mention *"Pur jus de fruits"*. Cela allait sans dire, mais cela va mieux en le disant. On sait qu'une grande partie des bouteilles de vin qui encombrent aujourd'hui les rayons vins des hypermarchés ne contiennent pas seulement du jus de raisin fermenté. Y a autre chose, comme dirait l'autre, et pas que de la betterave : des levures chimiques, des enzymes, de la glycérine, du sorbate de potassium, du bicarbonate de sodium, des phosphates et de la silice… N'en jetez plus ! Il est heureux que Gérard et Bruno Schueller aient trouvé un facétieux moyen de souligner ce qui sépare les vins naturels produits en quantités artisanales et les vins chimiques lancés comme des savonnettes sur un marché de masse. Installés dans un charmant village du Haut-Rhin, au sud de Colmar, ils produisent non seulement de l'edelzwicker, un régal de fruits vendu en bouteilles d'un litre, mais également toute une gamme de vins issus des cépages autochtones : un riesling très minéral, un muscat vinifié en sec, un joli pinot noir et des gewurtztraminers ébouriffants.

Domaine Schueller
1, rue des Trois-Châteaux
68420 Husseren-les-Châteaux
Tél. : 03. 89. 49. 31. 54
Prix caviste : 8 €

VDP ARDÈCHE, VIOGNIER, LE RAISIN ET L'ANGE

A Saint-Maurice-d'Ibie, en Ardèche, Gilles Azzoni travaille la terre, soigne son raisin et vinifie ses crus dans le respect de la nature et du bon goût. Les fermentations à froid lui permettent de produire des vins de soif et d'amitié, très équilibrés, au fruit magnifique d'intensité, fraise, cerise et myrtille pour les rouges, pomme verte, pamplemousse et abricot pour les blancs. Il est rare de trouver des flacons au contenu aussi sain, juteux et désaltérant. L'amateur distingué veut bien croire qu'ils ne contiennent pas de soufre et qu'ils n'ont subi ni chaptalisation, ni collage, ni filtration. J'ai découvert le viognier de la cuvée Le Raisin et l'Ange à Rennes, dans ce magnifique repaire de buveurs qu'est *L'Arsouille*. C'était un joli jour de juillet où nous devisions d'Olivier de Serres avec Jean-Yves Bordier, maître fromager à Saint-Malo. Enfant de Villeneuve-de-Berg, l'auteur du *Théâtre d'agriculture et ménage des champs* a bien connu Saint-Maurice-d'Ibie et ses coteaux soigneusement peignés. Il aimait les vins d'Ardèche "tant précieux et délicats qu'il n'est point besoin d'en aller chercher ailleurs". Produits par des vignerons tel Gilles Azzoni, au Mas de la Bégude, les vins d'aujourd'hui ressemblent à ceux d'hier. On n'ira pas en chercher ailleurs.

Le Raisin et l'Ange
Mas de la Bégude
Les Salelles
07170 Saint-Maurice-d'Ibie
Tél. : 04. 75. 94. 70. 10
Prix caviste : 9 €

VDT, COURS TOUJOURS, DOMAINE DU POSSIBLE

C'est Eric Pfifferling qui m'a fait découvrir la cuvée Cours toujours du Domaine du

Possible. Une bouteille de blanc et deux verres posés sur la table familiale, un soir très tard à Tavel. De quoi devisions-nous ? Du peu d'avenir que contient le temps où nous sommes, assurément. Mais aussi, mais surtout de l'espoir que porte la génération de vignerons en train de s'imposer partout en France. Après avoir appris le métier dans différents vignobles, chez Gérald Oustric, Thierry Allemand, Gilles Azzoni et Bruno Schueller, Loïc Roure a posé son sac à Lansac en 2003, à 30 kilomètres à l'ouest de Rivesaltes, juste au sud de Maury, sur un plateau qui culmine à 320 mètres d'altitude. "Un peu plus de 6 hectares de vignes, sur de très beaux terroirs de gneiss, de granit et de schiste et des vieilles vignes taillées en gobelet", explique le vigneron. Avec Edouard Lafitte, qui avait succédé à Jean-François Nicq à la tête de la cave des Vignerons d'Estézargues, Loïc Roure a repris la cave coopérative de Lansac qui avait cessé son activité au milieu des années 1990. Aujourd'hui, ces deux artisans travaillent ensemble, mais chacun de son côté, avec sa sensibilité et son idée du vin. Leur association leur permet de se partager le matériel. Au Domaine du Possible, Loïc Roure produit une cuvée de blanc, un réjouissant pétillant naturel rosé et quatre cuvées de rouge, classées ou non en côtes-du-roussillon. Ce qui séduit dans la cuvée Cours toujours, à dominante de macabeu complété par un peu de carignan blanc et de grenache blanc, c'est la générosité, la franchise et l'ampleur de ses arômes de fruits jaunes. Non filtré, non collé, non soufré, il est commercialisé en vin de table parce que le vigneron ne l'a jamais présenté à l'agrément. "Je fais partie des commissions et je sais pourquoi il ne serait pas passé", explique-t-il. Trop oxydatif, évidemment. Eh bien moi, j'ai bien de l'honneur à vous le dire, cela m'enchante.

Domaine du Possible
13, avenue des Platanes
66720 Lansac
Tél. : 04. 68. 92. 52. 78
Prix caviste : 10 €

VDT LE BRISEAU, CHAUSSARD & GAUBICHER

Après avoir longtemps enseigné au lycée viticole d'Amboise, où il a beaucoup transmis mais gardé quelques secrets, notamment celui de l'élaboration de son fabuleux pet' nat', Christian Chaussard s'est installé avec Nathalie Gaubicher dans un petit village de la Sarthe où il a reconstitué un domaine en reprenant quelques parcelles de vieux chenins et de pineau d'aunis, le fameux chenin noir des anciens. Dans ce coin de la France, où officie également l'étonnant Jean-Pierre Robinot, on ne fait pas beaucoup plus au nord, et ces nobles cépages s'en portent bien. Des vignes exposées au nord-ouest, un petit peu isolées, donnent naissance à la cuvée Le Briseau, un pur chenin au nez floral évoquant un jardin printanier, avec le jasmin et les cerisiers en fleur. Quelques grammes de sucre résiduel confèrent à ce jus sans papiers, qui pourrait sans doute être classé en coteaux-du-loir ou en jasnières, des arômes confits d'ananas qui se dissipent doucement tandis que se dessine un sillage minéral très net, conclu par des notes anisées. Tout cela augure évidemment d'un beau potentiel de garde. Et nous rappelle qu'on ne dira jamais assez de bien du chenin, ce cépage aux fruits lents à mûrir. Avec Christian Chaussard et Nathalie Gaubicher, il a trouvé mieux que des avocats. Des amoureux.

Domaine du Briseau
Les Nérons
72340 Marçon
Tél. : 02. 43. 44. 58. 53
Prix cave : 11 €

GEWURTZTRAMINER KAEFFERKOPF, BINNER

Victimes en 2004 et 2005 d'actes de vandalisme dans leurs vignes de Kaefferkopf et de Katzenthal, Audrey et Christian Binner ont agrémenté l'étiquette de quelques milliers de bouteilles du millésime 2004 de leur gewurtztraminer Kaefferkopf d'un émouvant

Merci ! saluant la “générosité et la solidarité vigneronnes”. A la suite de la destruction de plusieurs parcelles de leur vignoble, les vignerons de Kaefferkopf se sont en effet organisés pour donner chacun quelques kilos de sa récolte à leurs amis éprouvés par cette violence : plusieurs milliers de ceps cisaillés au coupe-souche, juste sous le porte-greffe. Comme les précédents millésimes, ce gewurt' de la solidarité, mis en bouteilles après fermentation en foudres de chêne centenaire, sans ajout de levures chimiques ni de sucre de betterave, a une belle robe or foncé, un nez dense et fruité, une bouche expressive, avec un très bel équilibre entre le sucre et l'acidité. La finale de fruit mûr s'obstine sur des notes de pêche, de mirabelle et d'épices. On reconnaît la signature de vignerons rebelles aux techniques œnologiques modernes. Riesling, pinot noir, tokay-pinot gris... Vinifiés sans ou avec très peu de soufre, les différents crus de leur riche gamme bousculent les idées reçues sur les vins alsaciens. L'amateur de vins naturels découvrira avec profit la cuvée S, issue de vieux pieds de sylvaner, le riesling du vignoble d'Ammerschwihr, la cuvée Saveurs printanières, née d'un assemblage de riesling, de gewurtzraminer, de muscat et de pinot gris, le muscat non filtré, sans oublier un crémant extrabrut, pétillant goûteux et de caractère, à la bulle souveraine.

Domaine Binner
68770 Ammerschwihr
Tél. : 03. 89. 78. 23. 20
Prix caviste : 11,50 €

MUSCADET, EXPRESSION DU GRANITE,
GUY BOSSARD

Les soupçonneux, qui refusent de croire qu'une conversion à l'agriculture biologique ait pu s'imposer au terme d'une démarche personnelle, devraient aller rendre visite à Guy Bossard au Landreau, un bourg de 2 500 habitants planté au milieu du vignoble du muscadet. Héritier de cinq générations de vignerons, Guy Bossard a repris le travail de la terre depuis déjà plus de trente ans et fait passer l'ensemble de ses vignes en biodynamie en 1996. Cette "philosophie du vivant", un peu sectoïde par certains aspects, repose sur la prise en compte des rythmes cosmiques, la volonté de redonner au terroir sa complexité microbiologique et le désir d'aider le végétal à fabriquer son système de défense en le soignant avec des préparations homéopathiques. Guy Bossard l'applique sans dogmatisme, simplement persuadé que le muscadet peut être un très grand vin. Sachant que c'est à la vigne que tout se joue, il préserve la diversité naturelle de son domaine et dynamise ses sols pour soutenir une vie bactérienne qui favorise elle-même la complexité levurienne du raisin. Un de ses titres de gloire est d'avoir vu un professeur de botanique de la faculté des sciences et techniques de Nantes recenser 185 espèces végétales sur son domaine. Ne parlez pas de cette profusion de flore aux adeptes du tout chimique : ils vous expliqueraient que Guy Bossard n'entretient pas ses vignes. N'importe. Seules comptent les trois belles cuvées du Domaine de l'Ecu. Elles sont distinguées par la roche mère de leur terroir : granite, gneiss et orthogneiss. Des roches acides et siliceuses, assez différentes des amphibolites riches en minéraux ferro-magnésiens de Jo Landron qui donnent au muscadet des notes plus salées et plus iodées. Etonnamment structurés pour des muscadets, les vins de Guy Bossard ont davantage de puissance et de volume en bouche. Le vigneron nantais cherche avant tout l'expression du sous-sol. Forte et racée, la cuvée Expression de granite a dans sa jeunesse des arômes entêtants de pomme, de pamplemousse et de fruits mûrs. Après quelques années passées en cave, elle s'éloigne de son origine organique pour tendre vers son expression minérale. Il faut la passer en carafe et la faire déguster à l'aveugle. Heureux celui qui reconnaîtra le melon de Bourgogne.

Domaine de l'Ecu
La Bretonnière
44430 Le Landreau
Tél. : 02. 40. 06. 40. 91
Prix caviste : 12 €

IROULÉGUY, BRANA

Mieux que le rouge, c'est l'irouléguy blanc que je choisis dans la production de Martine et Christian Brana, vignerons basques installés à Saint-Jean-Pied-de-Port. Un vin au nez très pur, à la bouche dense, riche et légèrement citronnée. Le millésime 2004 était magnifique sur un turbot farci, roquette, péquillos et cèpes. C'était au restaurant *Arrantzaleak* de Ciboure, chez Ramuntcho Coudé, qui a longtemps secondé Yves Camdeborde à *La Régalade* avant de retrouver les bords de la Nivelle. Le ciel était gris sur le Pays basque ce jour-là, les goélands du port ont attendu que le chef vienne leur donner à manger pour montrer leur bec. La veille, l'Aviron bayonnais avait battu Narbonne au stade Jean-Dauger par 47 à 21. En songeant au beau match de Richard Dourthe, qui en montrerait d'autres cette saison-là, je levai mon verre à sa santé. Cet irouléguy était de plus en plus plaisant à mesure qu'il s'ouvrait, à la bouche légère et au fruit persistant. La maison Brana, célèbre pour son eau-de-vie de poire produite avec les williams du domaine, mérite de l'être pour cet irouléguy issu de petit courbu et de petit manseng, le cépage du jurançon doux. A Saint-Jean-Pied-de-Port, les vignes d'Etienne Brana et de ses successeurs sont plantées face au col de Roncevaux, où l'arrière-garde de l'armée de Charlemagne fut défaite par les Basques le 15 août 778. Leur altitude doit être d'environ 200 mètres, mais cela n'empêche pas les vignerons de produire un blanc frais, minéral, à la belle allonge même les années les plus chaudes.

Domaine Brana
64220 Saint-Jean-Pied-de-Port
Tél. : 05. 59. 37. 00. 44
Prix caviste : 12 €

VDP DE LA VALLÉE DU PARADIS, LA BÉGOU, MAXIME MAGNON

Avant de poser ses bagages à Villeneuve-les-Corbières, Maxime Magnon s'est beaucoup promené. Ce garçon est passé par la Champagne, chez Anselme Selosse, où il a été initié aux vinifications sans trucage ; puis on l'a vu à Cornas, chez Thierry Allemand, où il a appris à être confronté à une matière riche ; quelques autres rencontres lui ont permis de devenir un vinificateur d'exception, radical dans son exigence de retour à l'esprit d'origine, ce qui n'est pas pour me déplaire. C'est grâce à Marie et Jean-Michel Schmitt, du Domaine Maria Fita, qu'il a découvert l'Aude et ses magnifiques terroirs schisteux et argilo-calcaires. Installés pour la plupart en contrefort des Cévennes, les vignobles de cette belle région produisent des vins vifs et fruités, comme la cuvée de grenache gris La Bégou. Un jus sans papiers, classé en vin de table de France, mais auquel on aurait tort de ne pas faire un sort. Un vin à la robe or foncé, avec des reflets roses, un nez confituré, une bouche gourmande de pêche, de coco, de fraise et de barbe à papa. Et comme Maxime est un garçon complet, il produit également une très belle cuvée Rozeta, issue d'un assemblage carignan-cinsault. Un autre jus sans papiers, un autre vin chaudement recommandé.

Maxime Magnon
Rue des Moulins
11360 Villeneuve-les-Corbières
Tél. : 04. 68. 45. 84. 71
Prix caviste : 12 €

ANJOU, DOMAINE DES GRIOTTES, LA ROCHE

Pour ne pas être embarrassés par ces petits messieurs de l'INAO, Patrick Desplats et Sébastien Dervieux ont donné à leurs vins des noms qui n'appartiennent qu'à eux : La

Poivrière pour le pineau d'aunis, La Voie lactée pour le chardonnay, La Sauvageonne pour le sauvignon, La Griotte pour le cabernet franc, La Goulue pour le grolleau, Poil de Carotte pour le rosé... Cela étant, ils produisent également des vins qui bénéficient de leur appellation d'origine contrôlée : la cuvée La Roche, un anjou blanc pur chenin, et la cuvée Homo erectus, un anjou village rouge pur gamay. Au Domaine des Griottes, Patrick Desplats et Sébastien Dervieux sont des vignerons au radicalisme écologiste marqué. Non seulement ils labourent leurs vignes, mais ils le font à cheval ! Leurs cuvées de compétition, à déguster au domaine ou en restauration, ne contiennent pas le moindre gramme de soufre. Des vrais vins de ferme, qui sentent la poule, la vraie, les plumes et le cul du coq. N'en déplaise à Kermit Lynch, qui nous avouait un jour que tant d'authenticité le dépassait. Comment l'expliquer ? Les vins du Domaine des Griottes ne sont pas destinés aux dégustateurs californiens. Parmi tant de merveilles, l'anjou blanc La Roche reste une pure et exemplaire expression du chenin, fin, puissant, gourmand.

Domaine des Griottes
Rue du Layon
49750 Saint-Lambert-du-Lattay
Tél. : 02. 41. 78. 46. 11
Prix caviste : 12 €

CORBIÈRES, DOMAINE DE LA TREILLE-MUSCATE

Depuis Alphonse Daudet, le pays de Cucugnan, patrie du célèbre curé terrorisant ses fidèles avec ses visions de l'enfer, appartient au domaine public. Dans ce coin de montagne du Sud de l'Aude, cœur du vieux pays cathare, des vignerons s'obstinent à travailler la garrigue pioche en main, au milieu des herbes sèches et des arômes de laurier. A Padern, Catherine Marin-Pestel a créé le Domaine de la Treille-Muscate en 2001, sourde aux conseils des "nœnologues" patentés, qui recommandent aujourd'hui aux vignerons d'arracher leurs vieilles vignes taillées en gobelet et de déserter les coteaux ensoleillés pour replanter des vignes palissées dans la plaine. "Une démarche comme la mienne est forcément mal vue. On est accusé de faire de l'élitisme", explique la vigneronne qui observe avec désolation ses pairs répondre à la crise par une fuite en avant technologique. Aujourd'hui, 6 hectares de vieux pieds de carignan, de grenache noir, de macabeu et de marsanne permettent à Catherine Marin-Pestel de produire des AOC corbières en rouge et en blanc ainsi qu'un VDP de cucugnan rouge. "Du moins jusqu'en 2007. Après cette date, il faudra utiliser du merlot dans l'assemblage pour pouvoir revendiquer l'appellation vin de pays de Cucugnan…" Il y avait autrefois les cépages interdits. Il y a désormais les cépages obligatoires, à meilleur rendement, plus conformes au goût bordelais ou californien. C'est une étrange mutation dans la définition d'un vin de pays. Ce qui n'empêchera jamais Catherine Marin-Pestel de travailler comme elle l'entend, quitte à proposer un jour ses flacons en vin de table. Issus d'un terroir argilo-calcaire, ses corbières blancs sont nets et fruités, frais, longs, amicaux.

Domaine de la Treille-Muscate
32, rue San-Bitou
11350 Padern
Tél. : 04. 68. 45. 48. 09
Prix caviste : 12 €

VOUVRAY, LA DILETTANTE, CATHERINE BRETON

Le souvenir de Balzac assure dans notre cœur une place unique aux vins de Vouvray. Dans les derniers mois de sa vie, l'auteur du *Curé de Tours* rêvait d'une installation paisible sur les coteaux nord de la Loire, au château de Montcontour, où l'on produit aujourd'hui une affreuse piquette, qu'il est inutile de goûter, même par balzacienne passion. Oublions cet affreux jus industriel pour en revenir au cher Honoré. Sur les hauteurs de Vouvray, charmant village où l'illustre Gaudissart est honoré d'une statue, l'écrivain à l'imagination infinie passait ses soirées à contempler le paysage, s'exclamant, avec la Julie de *La Femme de trente ans* : "Quel beau pays ! Je voudrais toujours rester ici... Peut-on se lasser jamais d'admirer cette belle vallée ?" Pour découvrir aujourd'hui ce vouvray qu'aimait Balzac, il y avait naguère le Domaine Lemaire-Fournier. De purs chenins magnifiquement travaillés. Secs, demi-secs ou moelleux, ils explosaient magnifiquement sur le fruit, avec des notes soutenues d'acacia, de tilleul, de miel, de coing. Le domaine a malheureusement été dispersé. On ne jugera pas les raisons qui ont poussé Marie-Annick Lemaire à se séparer de l'excellent Nicolas Renard et à cesser son activité. On se contentera de le regretter. Heureusement qu'il nous reste La Dilettante, le petit négoce de Catherine Breton, qui vinifie depuis 2002 un pétillant naturel et un vouvray sec, demi-sec ou moelleux selon les années. Plantés sur le plateau argilo-siliceux de Vernou-sur-Brenne, les chenins dont est issu le raisin furent plantés par son arrière-grand-père et son grand-père. La récolte de 60 ares lui permet de produire environ 2 000 bouteilles. Les vignes sont toujours dans la famille, mais ce n'est pas Catherine qui les cultive. "J'aimerais bien, mais ce n'est pas possible. Le droit rural est ainsi fait. C'est un mélange de Révolution française et d'Ancien Régime. J'ai fini par me dire que ce n'était pas la peine de s'acharner contre des lois faites par des hommes…" Catherine Breton, qui a participé à ses premières vinifications avec son père dans les années 1987-1988, joue habilement avec les élevages et l'oxydation de ses vins tranquilles, ce qui leur donne d'étonnantes variations. Elle travaille avec soin et passion, recopie même cet éloge des vignerons d'André Clavel dans ses carnets : "Merveilleux métier qui ne cesse de métamorphoser la peine, la fatigue, la douleur en joie profonde et saine."

La Dilettante
8, rue du Peu-Muleau
37140 Restigné
Tél. : 02. 47. 97. 30. 41
Prix caviste : 12,50 €

BANDOL, CHÂTEAU SAINTE-ANNE

A Bandol, le Domaine du château Sainte-Anne a été fondé en 1964 par François Dutheil de la Rochère, un gentleman vigneron qui a hardiment déblayé pour l'avenir sous le règne du n'importe quoi. C'était à la fin des années 1970 et au début des années 1980. Le moins que l'on puisse dire est que l'agriculture biologique n'était pas très à la mode. Ceux qui ont côtoyé le marquis à cette époque en parlent encore avec émotion. Fervents ou mécréants, ils supplient le Seigneur de faire une belle place à cet homme trop tôt disparu dans les vignes de la vie éternelle. Ici-bas, c'est sa femme Françoise et son fils Jean-Baptiste qui continuent le travail avec la même exigence. L'excellence des rouges issus du mourvèdre prive le buveur de mots. Fringants et fruités, les rosés et les blancs sont obtenus par pressurage direct. Avec 70 ares de clairette et d'uni blanc plantés sur des terrasses argilo-calcaires exposées sud/sud-est, les Dutheil produisent chaque année 5 000 bouteilles d'un blanc aux arômes de fleurs et de fruits blancs auquel ils ont l'audace de laisser un peu de gaz carbonique qui lui donne une grande fraîcheur. J'en dégustai naguère à Paris avec Marie Dutheil de la Rochère, qui me parlait de sa Provence comme César Birotteau de sa Touraine. Mais le temps a passé et nos songes avec lui. Et ce qui a passé à notre égard, par le moyen du temps qui s'écoule, nous obligea très tôt à nous rendre à l'évidence : plus jamais nous ne boirions aussi jeunes.

Château Sainte-Anne
83330 Sainte-Anne-d'Evenos
Tél. : 04. 94. 90. 35. 40
Prix caviste : 13,50 €

CHABLIS, BEL-AIR, DE MOOR

Alice et Olivier De Moor officient à Courgis, dans l'Yonne. En terme de rapport qualité-prix, leur chablis est ce qu'on trouve de mieux. Il y a peut-être des petits malins qui jureront avoir bu meilleur, mais personne pour avoir payé aussi peu cher un chablis issu de raisins si bien travaillés. Chez les De Moor, ni engrais chimiques, ni désherbants, vendanges manuelles, vinification douce, élevages longs : tout le contraire des vins que font leurs voisins. “Nous avons mis du temps à désapprendre tout ce qu'on nous avait mis dans la tête à la faculté d'œnologie”, expliquent-ils malicieusement. Leur chablis ne fait pas seulement retour à l'esprit d'origine, il fait retour à l'élégance, loin de ces vins blancs de Bourgogne gonflés, boisés, bodybuildés, à l'arôme rendu monolithique par une levure aromatique sélectionnée en laboratoire. Il est distingué, citronné avec une acidité bien marquée et des notes d'agrumes fugaces. Après quelques années, il prend de la rondeur et de l'assurance. La cuvée Bel-Air est une merveille.

Alice et Olivier De Moor
4-17, rue Jacques-Ferrand
89800 Courgis
Tél. : 03. 86. 41. 47. 94
Prix caviste : 16 €

SAUMUR, CHÂTEAU YVONNE

Créé en 1996 à Parnay, joli village à flanc de coteau qui surplombe la Loire entre Saumur et Montsoreau, le Château Yvonne est un ovni : un objet viticole non identifié. Comment croire qu'en si peu d'années ses saumurs blancs et ses saumurs champignys aient ait pu s'imposer à la table des grands cuisiniers français et dans le monde entier ? Comment croire qu'un vin supplémentaire ait pu trouver sa place sur un marché encombré ? En comprenant la force de la volonté, de la rigueur et de la tradition. Pour que ses plants de cabernet franc et de chenin donnent le meilleur d'eux-mêmes, Jean-François Lamunière, qui est également P.-D.G., des éditions Payot-Rivages, a placé la barre haut : vendanges manuelles, faibles rendements, élevages longs en barriques de chêne neuf. Parallèlement, il a accordé une importance primordiale au travail de la vigne : labours des sols, traitements minimums, pas de désherbage chimique, pas de produits de synthèse. La singularité des blancs et des rouges du Château Yvonne est d'être de très grands vins au regard des standards internationaux et de participer en même temps à la révolution des vins naturels qui est en train de bousculer le vignoble français. Le passage en barrique de chêne neuf oblige à attendre cinq années pour les apprécier à leur juste valeur.

Château Yvonne
16, rue Cristal
49730 Parnay
Fax : 01. 45. 49. 02. 51
Prix caviste : 16 €

BOURGOGNE, BIGOTES,
DOMAINE DE CHASSORNEY

Pour avoir vu Frédéric Cossard presser le chardonnay de son saint-romain avec amour, lentement, sans violence, nous pouvons le certifier : ce vigneron n'utilise pas un gramme de soufre en vinification, une belle audace dans des côtes de Beaune habituées aux hautes doses de SO_2 et d'acide tartrique. Cela fait parfois sourire certains gâcheurs de raisin établis à Meursault et ailleurs, mais le fait est qu'il ne lui reste quasiment pas de vin à vendre. Son secret, c'est un patient travail de la terre. Trop avisé pour tripatouiller ses jus au cuvage, Fred sait que c'est à la vigne que se fait le vin. Parmi ses grandes réussites, il faut découvrir son nuits-saint-georges clos des Argilières ; dégusté au domaine de Chassorney, le 2001 était à se damner. La nuit en velours de septembre s'est prolongée avec quelques magnifiques bouteilles, notamment un flacon de Bigotes, un bourgogne blanc issu de vignes situées à Corpeau, petit village niché entre Puligny et Chassagne-Montrachet : un nez puissant, des arômes citronnés, une magnifique longueur en bouche.

Domaine de Chassorney
21190 Saint-Romain
Tél. : 03. 80. 21. 55. 65
Prix caviste : 18 €

JURANÇON DOUX, UROULAT, CHARLES HOURS

"Un jurançon 93 / Aux couleurs du maïs, / Et ma mie, et l'air du pays : / Que mon cœur était aise", chante Paul-Jean Toulet dans ses *Contrerimes.* Après la mort du poète béarnais en 1920, il a fallu attendre trois quarts de siècle pour pouvoir lui rendre hommage et vider un flacon de jurançon quatre-vingt-treize en récitant ses vers. D'un siècle à l'autre, l'art et la manière s'obstinent dans les vignes de jurançon grâce à des vignerons comme Charles Hours, homme au cœur énorme et au verbe généreux. Installé à Monein, le plus beau vignoble de l'appellation, Charles laboure ses sols et soigne ses vignes sans chimie de synthèse. Depuis sa maison, on admire les coteaux pentus de son domaine, avec leurs vignes palissées sur des pieux de châtaignier selon la technique dite du hautain béarnais, qui permet à la fois au raisin d'échapper aux gelées printanières et de se concentrer sous

l'influence du vent chaud des Pyrénées au début de l'automne. Après avoir vendangé en octobre les vignes de gros manseng et de courbu qui donnent naissance à la cuvée Marie, son jurançon sec, Charles Hours vendange ses 7,3 hectares de petit manseng dans les premiers jours de novembre. Concentré, le raisin lui permet de produire chaque année 30 000 bouteilles d'Uroulat, un jurançon moelleux dont on apprécie d'autant plus la complexité aromatique qu'il est sulfité avec précaution au moment de la mise en bouteilles. Ni maux de tête, ni goût de poudre à canon. C'est un vin qu'il faudrait savoir attendre et qu'on boit toujours trop tôt. La bouche du millésime 2004 est pure, son arôme très droit s'épanouit sur des notes subtilement mêlées d'abricot, d'agrumes, d'ananas et de mangue. L'équilibre entre le sucre et l'acidité n'a rien d'artificiel, il est celui d'un fruit sain et mûr. C'est un vin avec lequel on devrait baptiser tous les petits garçons français après leur avoir frotté les lèvres avec une gousse d'ail, comme jadis le futur Henri IV. Histoire de leur donner le goût des bonnes choses et de permettre à leurs parents de finir la bouteille sur un foie gras poêlé.

Clos Uroulat
Quartier Trouilh
64360 Monein
Tél. : 05. 59. 21. 46. 19
Prix caviste : 19 €

MARSANNAY, OLIVIER GUYOT

A Marsannay, village du Nord de la Côte-de-Nuits, Olivier Guyot laboure une partie de ses 12 hectares de vignes avec un cheval depuis 1999. Le vigneron avait observé son père et son grand-père le faire avant lui. Après quelques années de travail mécanisé des sols, il s'y est remis. Indigo, son compagnon de labours, figure sur l'étiquette de ses vins rouges. C'est un hongre, non pas une jument, et un comtois, qu'Olivier Guyot a préféré à un percheron. Je dois avouer que la vision du solide animal entre deux rangs de vignes m'a donné envie de goûter les vins d'Olivier Guyot. Les rouges (passetougrain, marsannay, gevrey-chambertin, fixin) sont fins, élégants, fruités. Les blancs (aligoté, marsannay) ont une magnifique longueur florale. Gras, souples, étoffés, les millésimes 2002 et 2003 du marsannay blanc m'ont régalé. Est-ce grâce au cheval ? Adepte de la viticulture à l'ancienne, Olivier Guyot a d'autres arguments pour lui. La qualité de ses vins naît de rendements bas, de l'absence d'engrais et de produits de synthèse, de vendanges manuelles et de vinifications douces sur levures indigènes. Ce qui n'empêche pas d'accorder au cheval de trait du domaine la part qui lui revient. Indigo a le mérite de travailler des coteaux enserrés de murets où la machine ne passerait pas. En tassant moins la terre qu'un tracteur enjambeur, il permet une plus grande richesse de la vie microbiologique, seule garantie de la complexité d'un vin.

Domaine Olivier Guyot
39, rue Mazy
21160 Marsannay-la-Côte
Tél. : 03. 80. 52. 39. 71
Prix caviste : 19 €

VIN DE PAYS DES PORTES DE LA MÉDITERRANÉE, ANTOINE ARENA

Antoine Arena est un vigneron avec lequel on a plaisir à s'attabler dans un restaurant choisi pour déguster un vin de tradition et de caractère. Pas uniquement un des siens, patrimonio rouge issu du niellucciu, patrimonio blanc issu du vermentinu, à boire sur un loup grillé, ou bien encore muscat du cap corse au nez d'abricot, de pêche et de caramel, un nectar idéal pour s'arrondir la bouche au moment du dessert. Lorsqu'il quitte Patrimonio, joli village corse de 600 habitants où Marcel Dadi vint jadis jouer de la guitare, et traverse un petit bout de Méditerranée pour retrouver la France hexagonale, Antoine Arena aime déguster les crus des vignerons qui travaillent dans le même esprit que lui et sa femme Marie, labourant leur terre, cultivant leurs vignes sans désherbants, ni engrais chimiques, vinifiant leurs crus de façon longue et douce : cheverny d'Hervé Villemade, fleurie d'Yvon Métras, pinot noir de Christian Binner… Comme eux, le vigneron corse qui a repris le domaine familial après des études de droit ne se sent pas ligoté par les Longues Figures des commissions d'agrément. Après avoir réintroduit le bianco gentile, un cépage quasiment disparu en Corse, il commercialise ses flacons sous l'appellation vin de pays des Portes de la Méditerranée, ce qui est déjà une invitation au voyage. Tout y est : le miel et l'ambre, le soleil et la fraîcheur, le bleu et le vert, l'iode et la réglisse.

Antoine Arena
20253 Patrimonio
Tél. : 04. 95. 37. 08. 27
Prix caviste : 20 €

SAVAGNIN, DOMAINE TISSOT

Pour consoler ceux qui se désespèrent de n'entendre parler que de Pierre Overnoy parmi les vignerons du Jura, célébrons ici Stéphane Tissot, un garçon emblématique de la nouvelle génération. Lorsqu'il a succédé à ses parents André et Mireille à la tête du domaine, cet artisan vigneron a fait du neuf en revenant à l'ancien. En homme qui mesure l'importance de la solidarité des générations, il a fait en sorte que cette démarche s'inscrive dans la suite de celle de ses parents. Laissant de côté les désherbants, les engrais et les produits de synthèse, il a repris le travail de la terre, s'employant à prendre en compte les équilibres naturels de la faune et de la flore qui permettent seuls l'épanouissement d'une matière riche, partant de vins aromatiquement complexes. Son savagnin issu de terroirs argileux, élevé en fût pendant trois années et demie, ouillé la première année, sous la voile ensuite, m'a réjoui les papilles. Un vin à la fois très droit et très pur, aux notes classiques de noix et plus complexes de curry, d'épices, de Zan. Une très belle surprise, complétée au dessert par le poulsard du domaine à la bouche fraîche de noix, de poire et de réglisse, "vinifié de façon naturelle, sans soufre ajouté", selon l'étiquette que l'on veut bien croire.

Domaine André et Michel Tissot
Quai Bernard
39600 Montigny-les-Arsures
Tél. : 03. 84. 66. 08. 27
Prix caviste : 20 €

COTEAUX DU LAYON, LES BONNES BLANCHES, MOSSE

Comme Hervé Villemade, Agnès et René Mosse ont suivi une formation viticulture-œnologie au lycée d'Amboise où ils eurent notamment pour professeurs Christian Chaussard et Thierry Puzelat, deux vignerons qui ont fait du Loir-et-Cher et de la Sarthe une terre d'expérimentations gourmandes, celui-là au nord de la Loire, celui-ci au sud. Après s'être un petit peu promenés dans le vignoble français pour se familiariser avec différentes cultures, les Mosse ont acquis en 1999 un domaine de 12 hectares au sud d'Angers. A la suite de Jo Pithon, un autre de leurs parrains, ils ne s'étaient pas laissé intimider par les préjugés qui frappent les liquoreux, en particulier ceux d'Anjou. Il faut goûter leur coteaux-du-layon pour oublier tout ce que l'on croit savoir sur ce vin. Car en fait on ne savait rien. Des petits rendements, des raisins botrytisés récoltés à maturité, un élevage long et une extrême méfiance à l'égard du soufre, qui durcit les saveurs et tue les parfums, permettent à Agnès et René de produire un layon opulent, à la bouche souple de figue, de tarte Tatin et de miel qui ne sucre pas la bouche et ne donne pas mal à la tête. L'accord est magnifique avec un pâté aux prunes comme j'en dégustais les dimanches d'automne rue Joubert à Angers, avec mes arrière-grands-parents Enquebecq, au commencement du premier septennat de François Mitterrand.

Domaine Mosse
4, rue de La Chauvière
49750 Saint-Lambert-du-Lattay
Tél. : 02. 41. 66. 52. 88
Prix caviste : 22 €

CHABLIS, PREMIER CRU SÉCHET, DAUVISSAT

Héritier d'une famille d'artisans vignerons établis à Chablis depuis 1931, Vincent Dauvissat reste attaché aux méthodes de travail qui furent celles de son père et de son grand-père avant lui. Les sols de ses parcelles dispersées dans l'appellation sont travaillés, le chardonnay ne subit ni pesticide ni engrais chimiques, les vendanges sont faites à maturité, le pressurage est doux, le débourbage court et les élevages en barriques longs. Sur un peu moins de 12 hectares, Vincent Dauvissat produit sept cuvées élégantes et racées qu'on déguste avec le sentiment de renouer avec le chablis restitué dans sa splendeur originelle, débarrassé du chêne neuf, des levures aromatiques et des fortes doses de soufre. Des bourgognes blancs intenses et opulents, merveilleux de pureté, de fraîcheur, de droiture, d'équilibre, d'élévation et de complexité après une heure passée en carafe. Argilo-calcaire, leur terroir est rempli de petites coquilles fossilisées qui assurent un drainage efficace les années de fortes chaleurs. Ainsi en 2003, où une matière riche en sucre et peu acide a donné naissance à un premier cru Séchet dont le taux d'alcool de 13° n'apparaît pas excessif étant donné les circonstances. Ce vin a une robe jaune clair limpide, un nez de miel de lavande légèrement toasté, une bouche onctueuse et puissante, réglissée à l'ouverture, minérale, très construite, qui s'épanouit sur des notes d'agrumes et de fraise des bois. L'œuvre d'un vigneron qui sait qu'une belle matière est un don du ciel. Son grand art est de s'être soumis aux caractéristiques d'un millésime étonnant et compliqué à travailler, au lieu de chercher à effacer sa singularité à coup d'acide tartrique.

Vincent Dauvissat
8, rue Emile-Zola
89800 Chablis
Tél. : 03. 86. 42. 11. 58
Prix caviste : 25 €

ANJOU, LA LUNE, MARK ANGELI

Installé à Thouarcé, dans le Maine-et-Loire, Mark Angeli est un des vignerons de France les plus habitués à subir les persécutions des petits messieurs de l'Institut national des appellations d'origine. Les dégustations d'agrément sont souvent l'occasion de manœuvres louches au terme desquelles d'affreuses piquettes sont repêchées tandis que les vins produits par des vinificateurs qui travaillent selon des méthodes naturelles sont rejetés pour "manque de typicité" – la typicité correspondant au goût moderne et standardisé pour les papilles des dégustateurs. Heureusement, les vins de Mark Angeli n'ont pas à subir cette punition tous les ans. On goûtera notamment sa cuvée d'anjou blanc sec La Lune, vinifiée en demi-sec certaines années, quand le soleil le permet. Toujours en anjou blanc sec, sa cuvée Les Fouchardes, magnifique de concentration et de complexité, sa cuvée Christine et sa cuvée Les Blanderies. Mark Angeli produit également un étonnant bonnezeaux, la cuvée Mathilde. Cet homme aime son terroir et voue un culte attentionné au chenin. On ne s'étonne pas qu'il produise de grands vins.

Mark Angeli
Ferme de la Sansonnière
49380 Thouarcé
Tél. : 02. 41. 54. 08. 08
Prix caviste : 25 €

VIN DE TABLE, DOMAINE MAZIÈRE

Longtemps avant qu'une mode improbable, confinant à la coquetterie, incite certains vignerons à déclasser eux-mêmes leurs crus de leur appellation d'origine pour les proposer en vin de table, Jean-Michel Labouygues avait dépouillé ses étiquettes de tous les oripeaux. Ni AOC, ni millésime, ni mention de cépage. L'indication d'une cuvée est parfois manuscrite. C'est tout. Ce qui compte, ce n'est pas l'étiquette, c'est ce qu'il y a dans la bouteille. Au domaine Mazière, rouges et blancs flirtent avec le sublime.

Plantées au sommet des Corbières, avec une vue magnifique sur les châteaux cathares, les vignes de Jean-Michel Labouygues, cultivées sans engrais chimiques, ni pesticide, ni insecticide, donnent naissance à des vins hors du commun. Généticien de formation, professeur à Harvard dans une autre vie, Jean-Michel Labouygues n'a jamais fait de concession à rien. Ni à la mode, ni au progrès, ni à la technique. Adepte des élevages longs, il pensait que le côté oxydatif d'un grand vin blanc pouvait faire partie intégrante de son caractère. Lorsqu'il confiait que son blanc moelleux cuvée du Sacre, issu du macabeu, ne contient pas de soufre, on devait le croire : en carafe, le vin change de couleur à la minute. En bouche, il a des arômes extraordinaires de mandarine et d'orange amère. Pour produire ses blancs, Jean-Michel Labouygues disposait également de quelques centaines de pieds de grenache blanc. Les rouges sont quant à eux issus du carignan, du grenache et de la syrah. Ils sont assemblés ou non, selon l'humeur du vigneron. Parmi ces derniers le carignan est un délice de puissance et de concentration, poivré, ensoleillé, aux extravagantes notes de laurier et de thym. Mort à la suite d'une grave maladie, Jean-Michel Labouygues a laissé son beau domaine à sa fille Judith.

Domaine Mazière
7, rue du Confluent
11350 Padern
Tél. : 04. 68. 45. 04. 85
Prix caviste : 28 €

GAILLAC, VIN D'AUTAN, PLAGEOLES, 50 CL

Il y a certaine audace et quelque grandeur à s'obstiner à produire un vin dans les règles de l'art dans une région viticole à l'image sinistrée par des années de travail bâclé. C'est le cas de Robert et Bernard Plageoles, vignerons à Gaillac, charmant terroir dont le raisin est trop souvent sacrifié sur l'autel de la grosse cavalerie industrielle. Ils ne sont certes pas les seuls dans cette région où l'on cultive la vigne depuis l'époque romaine, mais leur travail a de toute évidence suscité des vocations. On doit aux Plageoles la redécouverte de cépages locaux oubliés, victimes du phylloxéra tout au long du XIXe siècle. Les adeptes de la rationalisation croyaient les avoir définitivement éliminés, et voilà qu'ils reviennent. Au total, quatorze variétés anciennes, redécouvertes et replantées. Ainsi l'ondenc, variété blanche quasi disparue depuis le Moyen Age, dont les Plageoles père et fils tirent des vins magnifiques. Baptisé vin de voile, l'ondenc blanc du Domaine des Très Cantous a un nez subtil, alliant notes végétales et notes de pomme. La bouche est légère, fraîche, rafraîchissante, très équilibrée. On a incontestablement affaire à un vin de ferme, produit à l'ancienne, avec le moins d'interventions possible, à déguster avec des huîtres. Il faut également découvrir le vin d'Autan, plus liquoreux que le précédent, mais également issu de l'ondenc, mûri au vent d'autan. Très peu de vins produits par les voisins des Plageoles supportent la comparaison avec ces liquoreux exceptionnels.

Domaine des Très Cantous
81140 Cabuzac-sur-Vère
Tél. : 05. 63. 33. 90. 40
Prix caviste : 36 €

QUART-DE-CHAUME, CHÂTEAU DE SURONDE

La douceur angevine chère à Joachim du Bellay n'est pas un vain mot pour qui a goûté une fois dans sa vie les quarts-de-chaume du Château de Suronde vinifiés par Francis Poirel. L'appellation fut consacrée avant-guerre par Curnonsky, qui considérait qu'avec le bonnezeaux et la coulée-de-serrant, ce moelleux était ce qui pouvait se faire de plus grand avec le chenin. Exploitée par une douzaine de producteurs seulement, elle couvre 38 hectares de vignes groupées autour du village de Chaume, sur les coteaux du Layon, un petit affluent de la Loire dont les brumes matinales ont la particularité de permettre un développement naturel du botrytis, la pourriture noble qui donne ses caractéristiques aux vins de la région. Grâce à un homme comme Francis Poirel, vigneron à la vocation tardive qui a exploité 6 hectares de chenin pendant quelques années, l'AOC quart-de-chaume est remontée très haut. Francis est un homme sans concession, adepte de la biodynamie, qui n'aime ni le soufre, ni les levures chimiques, ni le sucre ajouté. La dégustation de ses millésimes 1997, 1999 et 2001 fut un enchantement. “Un vin puissamment consolateur”, s'émerveillait Gérard Oberlé qui en avait les larmes aux yeux. Il y avait de quoi être ému par cette texture soyeuse, cette gamme aromatique infinie allant de la pêche de vigne à l'ananas, en passant par le coing, les fruits confits, le caramel, avec un équilibre entre le sucre et l'acidité inouïs, et une finale infinie. Plus haut, plus loin, plus fort que les sauternes du Château d'Yquem. Aujourd'hui, Francis Poirel a revendu son domaine et tourné la page. Les millésimes du Château de Suronde qu'il a vinifiés jusqu'en 2004 sont devenus des trésors. Il ne faut surtout pas les laisser passer.

Château de Suronde
49190 Rochefort-sur-Loire
Tél. : 02. 41. 78. 66. 37
Prix caviste : 45 €

VDP LA GRANGE DES PÈRES

Bruno Verjus a dû s'y reprendre à plusieurs fois avant de me faire comprendre quelque chose au vin de la Grange des Pères. "Un vin de garage et de milliardaires", me répétait Marc Grand d'Esnon à qui je n'arrivais pas à donner tort. C'est avec un blanc de l'année 1997, dégusté dans la cuisine de Bruno un lundi de Pâques, que j'ai enfin accédé à l'extase. A l'ouverture, le nez intense, explosif, très bourguignon de ce jus d'exception nous a passé l'envie de nous perdre en prétéritions. Il a fallu boire ce vin sans délai. Sa bouche était puissante, complexe, opulente, avec un je-ne-sais-quoi de lactique et d'oxydatif qui chiffonne les imbéciles mais qui ne fut pas pour nous déplaire. Il nous suffisait de fermer les yeux pour voir s'amonceler les pêches mûres, les abricots juteux, les melons confits, les fruits exotiques dans un feu d'artifice réel et rêvé d'ambre, de fauve et d'orange… L'élevage, assez dérangeant lors de la dégustation des rouges, faisait ici sentir le meilleur de ses effets, élevant ce vin d'un jaune soutenu et légèrement trouble à des hauteurs inédites. Les mystérieuses proportions de l'assemblage me furent révélées par la suite. Une très grande majorité de roussane que le vigneron colore selon son humeur d'une touche de marsanne et de chardonnay. Cette liberté explique son classement en vin de pays. A Aniane, village languedocien rendu célèbre grâce à *Mondovino*, Alain Vaillé est installé sur un domaine de 11 hectares depuis 1992. Auparavant, il a appris le métier auprès de Jean-Louis Chave, dont on peut reconnaître l'influence sur son blanc de grande classe.

Domaine de la Grange des Pères
Chemin de la Grange
34150 Aniane
Tél. : 04. 67. 57. 70. 55
Prix caviste : 55 €

POUILLY-FUISSÉ, CLOS DE M. NOLLY, VALETTE

C'est avec Marcel Lapierre et Raymond Buren que j'ai rendu visite à Gérard et Philippe Valette pour la première fois. Nous sortions d'un déjeuner chez Jean Ducloux à Tournus, inutile de préciser que les portions servies chez Greuse avaient été plus généreuses que jamais : pâté en croûte Alexandre Dumaine, quenelles de brochet remontées à la sauce de rognon de porc, ris de veau, soufflé au Grand-Marnier. Procureur du roi de Belgique à la retraite, l'ami Buren avait apporté une provision de bière trappiste d'Orval que nous avions largement entamée en chemin. Sur place, il fallut se reposer. Pour piquer un petit somme, je me mis à l'abri sous un fût où un millésime de pouilly-fuissé Clos de

M. Nolly attendait d'être mis en bouteilles. Depuis ce jour, je m'en suis tenu à ce choix. Le Clos de M. Nolly, c'est l'excellence en Mâconnais. Un pouilly-fuissé au nez intense, à la bouche d'acacia et de fleur blanche, grasse, longue et ronde. Le 1997 et le 1998 me parlent encore. Rien à voir avec les blancs de Bourgogne filtrés, décolorés, aqueux et pollués par la chimie que l'on boit n'importe où. De vrais vins de vignerons, nés d'un travail et d'un terroir singuliers. Les Valette qui exploitent 14 hectares n'ont pas qu'une seule corde à leur lyre. Ils produisent également un très beau beaujolais blanc, un aligoté réjouissant, un mâcon et un charmant mâcon-chaintré vieilles vignes. Des vins dont le prix de vente modéré tranche avec la folie des grandeurs budgétaire dont sont saisis certains vignerons bourguignons.

Domaine Valette
Buissonnats
71310 Chaintré
Tél. : 03. 85. 35. 66. 59
Prix caviste : 58 €

ARBOIS PUPILLIN VIN JAUNE, PIERRE OVERNOY

Ce vin jaune n'est pas un vin comme les autres, c'est de l'ambroisie, “boisson ou nourriture propre aux Immortels”, selon le bon Furetière, moins prolixe en la matière qu'Emile Littré, qui explique dans son *Dictionnaire* que chez les Grecs l'ambroisie donnait l'immortalité à ceux qui en buvaient. Il se pourrait bien que les vins de Pierre Overnoy aient de pareils effets. Depuis des années, nous avons tout goûté et toujours tout aimé : magnifiques arbois pupillins issus du trousseau, du ploussard et du pinot noir, du chardonnay et du savagnin, prodigieux vins jaunes, aux notes sèches de noix, à la bouche fumée de truffe blanche et d'amande, dont chaque gorgée trace dans le palais une droite qui se prolonge à l'infini. Le millésime 1988, dégusté à deux reprises au restaurant *L'Etape gourmande* à Versailles, était magnifique de pureté et d'intensité aromatique ; fleur et fruit d'une année aux conditions climatiques exceptionnelles, le millésime 1989 surpasse. Avec de pareilles merveilles dans le verre, le voyage dure longtemps… De tels vins ne peuvent pas se concevoir sans un travail exceptionnel de la terre, qui n'est évidemment ni désherbée ni engraissée chimiquement, et un art de la vinification qui confine à la métaphysique. Pierre Overnoy est un monstre sacré, que les meilleurs vignerons de France regardent comme un maître.

Domaine Overnoy
Rue du Ploussard
39600 Pupillin
Tél. : 03. 84. 66. 01. 45
Prix caviste : 90 €

JURANÇON, LES JARDINS DE BABYLONE, DAGUENEAU, 50 CL

"Je boirai la dernière bouteille de Pur Sang / de Didier Dagueneau / Quand je ne sais qui je ne sais quoi aura / empoisonné les derniers points d'eau", psalmodie l'ami Leroy, Jérôme, dans *Le Déclenchement muet des opérations cannibales* (Editions des Equateurs, 2006). Nous la boirons ensemble, cette dernière quille du Dernier Jour, ultime survivante d'une caisse de 2 000 dont les cinq autres bouteilles, pures, intenses, puissantes, m'ont comblé avec leurs somptueuses notes d'agrumes dessinant une interminable spirale aromatique sous le palais. Mais le temps a passé où ça m'amusait de boire du sauvignon à 50 euros le flacon. Je n'ai rien contre ce cépage, ni contre la Nièvre, mais je préfère me déporter vers la Sarthe ou le Loir-et-Cher et me régaler avec les chenins de Christian Chaussard ou les romorantins d'Hervé Villemade. Du mirifique Didier Dagueneau, amateur de motocross et de chiens de traîneau, je célèbre plutôt l'annexe pyrénéenne. A Aubertin, il exploite désormais une parcelle de petit manseng qui a donné naissance en 2004 à un premier millésime de jurançon. Tout juste 1 000 bouteilles d'un liquoreux au nez confit d'ananas, de fruits exotiques, avec des notes citronnées complétées par une pointe de poivre blanc et de gingembre. "Il y a de la planche, mais bien masquée par le sucre résiduel", notait Marc Sibard tandis que nous en dégustions un flacon aux *Caves Augé.* Plus aérien, moins terroir que le vin de Charles Hours, un peu tendu par le soufre, le jurançon de Didier Dagueneau séduit par sa pureté et sa longueur en bouche. On a hâte de savoir ce que ce vin d'élaboration raffinée deviendra après une dizaine d'années passées en cave.

Les Jardins de Babylone
Chemin de Cassioula
64290 Aubertin
Tél. : 05. 59. 04. 28. 15
Prix caviste : 100 €

CORTON-CHARLEMAGNE, PHILIPPE PACALET

Philippe Pacalet, un neveu de Marcel Lapierre qui s'est imposé après son oncle comme un des grands vinificateurs de sa génération, eut le privilège de travailler auprès de Jules Chauvet à la Chapelle de Guinchay entre 1987 et 1989. Il poursuivait alors ses recherches sur le travail des levures au cours de la fermentation alcoolique. Une réflexion essentielle : en isolant et en identifiant différents groupes de levures indigènes, il a mieux compris comment naissait un grand vin. Non seulement d'un terroir libéré des poisons de la chimie de synthèse, mais également d'une vinification en liberté, sur levures indigènes, qui seules permettent l'expression de la singularité aromatique d'un cru. *A contrario*, les levures sélectionnées industriellement donnent naissance à l'arôme monolithique : pamplemousse pour le sauvignon, cassis pour le merlot, violette pour la syrah, beurre frais pour le chardonnay, framboise pour le pinot, etc. Qu'on les oublie au profit des jolis vins que produit Philippe Pacalet depuis qu'il s'est installé en Côte-d'Or comme vinificateur et négociant. Nous avons notamment gardé un souvenir émerveillé de son corton-charlemagne 2000.

Philippe Pacalet
En Chaudenois
21700 Arcenant
Tél. : 03. 80. 62. 31. 05
Prix caviste : 125 €

ROSÉS

Fonfon revint avec une assiette de pain frotté à l'ail puis à la tomate fraîche. Juste pour adoucir le palais. Le rosé, là-dessus, trouvait de nouvelles raisons d'être dans nos verres.

JEAN-CLAUDE IZZO, *Chourmo.*

BEAUJOLAIS, CHÂTEAU CAMBON, LAPIERRE

Le beaujolais est en crise, c'est un lieu commun de l'écrire. La surproduction gonfle les stocks et le syndicat interprofessionnel ne trouve quelquefois rien de mieux que d'en envoyer une partie chez le vinaigrier. Il existe pourtant des issues de secours. Voyez le travail de sauvetage effectué depuis 1995 par Jean-Claude Chanudet, Marcel et Marie Lapierre sur 16 hectares de vignes classées en beaujolais à Saint-Jean-d'Ardières. Abandonnant les techniques œnologiques qui sévissent encore dans la région, Marcel vinifie à Château Cambon un très beau primeur, un rouge délicat et un rosé de saignée frais comme le bonheur. On n'imaginait pas qu'un rosé si gourmand puisse naître au nord de Lyon avec du gamay. "Moi non plus, s'amuse Marcel Lapierre. Je croyais qu'on ne pouvait produire de bons rosés qu'à Bandol et Tavel. Je me suis laissé convaincre et je ne le regrette pas. J'ai essayé de faire un rosé comme je les aime, sympathique et sans prétention. Le paradoxe, c'est que le rosé de Château Cambon est produit avec les plus vieilles vignes et donc les plus belles du domaine." Non sucré, non levuré, non tartriqué, ce pur jus de fruits à la bouche de fraises, de framboises et de cerises écrasées subit une filtration légère au moment de la mise en bouteille, suivie d'un sulfitage circonspect (25 mg/l). "Lorsqu'on filtre, on est obligé de sulfiter. Mais je pourrais envisager d'embouteiller une cuvée nature réservée à une clientèle avertie." En attendant, les 7 000 à 8 000 bouteilles produites chaque année n'encombrent pas longtemps les caves. Le prochain défi de Marcel ? Produire un rosé pétillant naturel avec les beaux gamays de Saint-Jean-d'Ardières.

Château Cambon
Lieu-dit Frans
69920 Saint-Jean-d'Ardières
Tél. : 04. 74. 66. 24. 08
Prix caviste : 8 €

CÔTES-DU-FRONTONNAIS-VILLAUDRIC,
LA COLOMBIÈRE

On ne devrait jamais quitter Montauban, sauf pour emprunter une départementale en direction de Toulouse, et s'arrêter en cours de route dans les vignes de Fronton. Les vins produits dans le Lot n'ont pas fameuse réputation, mais il serait injuste de ne pas saluer le travail des vignerons qui savent justement sortir du lot, pardon pour ce mot trop facile. A la suite du baron François de Driésen, propriétaire du château La Colombière depuis 1984, sa fille Diane et son mari Philippe travaillent les sols d'un vignoble de 18 hectares, limitent les rendements et vinifient leurs côtes-du-frontonnais-villaudric avec douceur après des vendanges manuelles. Vieux cépage ramené de Chypre par les chevaliers hospitaliers de Saint-Jean de Jérusalem au retour d'une croisade, la négrette est reine sur leur domaine où sont également plantés du cabernet franc et du cabernet sauvignon, un peu de syrah et du gamay. Associé pour moitié à de la négrette, ce dernier cépage donne naissance à un côtes-du-frontonnais-villaudric gris à la belle robe brillante, au nez de grenadine, à la bouche souple et droite de fraise écrasée. Un joli rosé de presse, qui n'a pas le côté aqueux des vins de saignée. Travaillée en rosé, par pressurage direct et sans macération, la négrette impose des caractéristiques aromatiques inédites que l'on retrouve en partie dans la cuvée rouge Vinum du Château, un vin de cépage frais et fruité qui titre à 11,5°.

Château La Colombière
190, route de Vacquiers
31260 Villaudric
Tél. : 05. 61. 82. 44. 05
Prix caviste : 8 €

ROSÉ D'ANJOU, AGNÈS ET RENÉ MOSSE

Les agents de la circulation œnologique, qui désapprouvent le manque de couleur des rosés de Mark Angéli, risquent un jour de reprocher une couleur trop foncée à ceux d'Agnès et René Mosse. Quand on veut tuer son chien, etc. Jusqu'à présent, il n'en est rien. Croisons les doigts. Agnès et René Mosse sont des vignerons courageux, radicaux et entêtés dans leur démarche écologique, qui ont eu suffisamment de soucis à affronter jusqu'ici. La qualité de leurs vins n'est certes pas en cause, ni leur démarche, car en la matière on frise l'excellence. On consultera leur site (www.domaine-mosse.com) pour découvrir leur philosophie. “L'élaboration de nos vins est placée sous les mêmes auspices : minimum d'interventions, fermentation parfaitement naturelle, pas d'ajout de substances chimiques, pas de levurage, aucune addition de saccharose… Le résultat est plus que probant : la cueillette à maturité assure un taux de sucre suffisant, nos raisins reflètent le terroir et contiennent encore les levures indigènes grâce auxquelles ils vont pouvoir effectuer leur fermentation. Bref cela donne un vin qui a gardé le goût du péché originel…" Qu'on se le dise : les 3 000 bouteilles de leur vin rosé produites chaque année sont en vente libre même lorsqu'elles n'ont pas été agréées par les autorités de tutelle. On aime leur couleur pourprée, leurs beaux arômes de miel et de figue. Loin d'être un désagrément, le gaz subsistant apporte une agréable touche de fraîcheur.

Domaine Mosse
4, rue de La Chauvière
49750 Saint-Lambert-du-Lattay
Tél. : 02. 41. 66. 52. 88
Prix caviste : 8 €

VIN DE TABLE, JOSÉ DE NICE, LES VINS CONTÉS

Ce fut la bonne surprise du printemps 2004. Une pure friandise, un rosé de soif et d'amitié à déguster à l'apéritif ou sur une salade de fruits, sur le coup de midi ou à la première heure du soir, après l'amour ou avant le surf, qu'importe le moment, la façon, pourvu que ce soit avec de bons compagnons. José de Nice : un vin dont il faut prononcer le nom à l'espagnole, en faisant bien rouler la *jota*. Ce rosé baptisé en liberté par Olivier Lemasson et Hervé Villemade ne provient pas des Alpes-Maritimes, mais du pineau d'aunis, un cépage que les fournisseurs du marché de masse ont souvent arraché avec rage sur les terroirs des vignobles du Val de Loire où il était cultivé. Les gros rendements du pineau d'aunis plaidaient certes pour lui, mais il avait le malheur de fournir des jus trop peu alcoolisés, une faute impardonnable pour les palais parkérisés. On se félicite donc de voir quelques vignerons employés à réhabiliter ce vieux cépage, appelé chenin noir par le passé, tandis que le chenin blanc était surnommé pinot de Loire. Une réglementation absurde interdisant d'en faire mention sur les étiquettes, les viticulteurs ont l'habitude d'inventer des jeux de mots accordés à la bonne humeur printanière. Il faut avouer que la machine à calembours fonctionne plutôt bien dans le Loir-et-Cher. Mais l'essentiel n'est pas sur l'étiquette, il est dans la bouteille. Pur jus de fruits, le José de Nice est un vrai bonbon, à la bouche gourmande de boudoir et de barbe à papa. Depuis 2006, Olivier Lemasson poursuit seul l'aventure, mais n'a pas retiré ce joyeux jus de sa gamme. Le José de Nice 2005 est un petit peu différent de son grand frère. C'est un rosé de saignée, élevé dans un gros foudre en provenance de chez Marcel Lapierre après dix jours de macération. Et la gourmandise est toujours là.

Les Vins Contés
11, rue de la Cour Haute
41120 Candé-sur-Beuvron
Tél. : 02. 54. 44. 13. 88
Prix caviste : 8,50 €

CÔTES DU ROUSSILLON, SOIF DU MAL,
LES FOULARDS ROUGES

A Montesquieu-des-Albères, arrêtons-nous chemin du Roy, une adresse qui doit exaspérer Jean-François Nicq, mais qui nous plaît bien dans sa façon de convoquer l'ombre chérie des mousquetaires. Au Domaine des Foulards Rouges, Jean-François Nicq parachève sa belle gamme avec ce rosé issu de grenaches vendangés très mûrs. Un vin non filtré, à la robe foncée, à la bouche de poire cuite, puissante, sauvage, qui titre à 13° d'alcool. Un pur vin de plaisir, dont il ne faut attendre aucun potentiel de garde : ce n'est pas ce qu'on lui demande. En cinéphile conséquent, qui a donné à ses autres cuvées des noms honorant Agnès Varda et Jean Vigo, Jean-François Nicq salue ici Orson Welles et nous invite à lever notre verre à sa santé.

Les Foulards Rouges
Chemin du Roy
66740 Montesquieu-des-Albères
Tél. : 04. 68. 81. 66. 03
Prix caviste : 9 €

VDP CORSE, TORRACIA

Remercions Christian Imbert de nous réconcilier à son tour avec le rosé. Il n'est pas certain qu'il existe aujourd'hui en France cinquante vignerons qui en soient capables. Parmi eux, il y a plusieurs artisans corses de fidélité et de caractère. Dans le Sud-Est de l'île, face à l'Italie, les 41 hectares de vignes du Domaine de Torracia permettent à Christian Imbert de produire une belle gamme de vins issus de cépages autochtones : malvoisie pour les blancs, nielluccio et sciacarello pour les rouges. Le sciacarello, dont le nom signifie "craquant" en langue corse, est un raisin à la peau épaisse à l'origine d'un rosé racé, au bouquet poivré de framboises. Un rosé accordé à la définition que proposait un jour Marc Sibard, les mains sur les hanches : "Le rosé, c'est la légèreté, l'innocence. Les amateurs ne s'inscrivent pas dans une logique de connaissance du vin, ils boivent du rosé. Pourquoi pas ? Il est important de retrouver cette insouciance du buveur dilettante. Je suis inquiet de voir le rosé devenir une boisson à la mode, vinifiée à des cadences industrielles. A ce rythme, dans trois ans le rosé est mort en France puisque tout le monde va en faire, et n'importe comment..." Du côté de Porto-Vecchio, sur les coteaux pentus du Domaine de Torracia, la tentation industrielle ne rôde pas. C'est le privilège de beaucoup de vignerons corses d'être à la tête de vastes domaines viticoles, mais d'être restés des artisans.

Domaine de Torracia
Lecci
20137 Porto-Vecchio
Tél. : 04. 95. 71. 43. 50
Prix cave : 10 €

BANDOL, LA TOUR DU BON

Au Castellet, Antoine Pouponneau veille aux destinées du Domaine de la Tour du Bon, où du mourvèdre, du grenache et du cinsault, les cépages traditionnels de rouges auxquels est ajouté un peu de clairette (10 ‰) et de carignan (5 ‰), permettent de produire un rosé construit, tendre et dense, à la bouche ronde et large de fruits de printemps. Des vignes cultivées sans désherbants, soignées avec de la bouillie bordelaise et nourries avec des engrais organiques donnent naissance à de beaux raisins qui peuvent être vinifiés de manière traditionnelle, sans ajout de levure sèche pour lancer la fermentation. Au Domaine de la Tour du Bon, les rendements sont bas, les vendanges se font en caisses et le rosé, obtenu à la fois par pressurage direct et par saignée, est mis en bouteilles après six mois d'élevage en cuve. En 2003, ce bandol de caractère avait une belle couleur tuilée, loin du rose flashy de la cuvée Pétale de rose du Château Barbeyrolles, à la mode, mais absurde dans sa conception. Qui croira que la robe d'un vin induit quoi que ce soit de qualité aromatique ? Celle du rosé de la Tour du Bon est réelle et l'on s'en félicite, car Bandol, Cassis et les coteaux d'Aix restent quand même parmi les plus beaux endroits de France pour produire du rosé. On y élabore des vins confortables, à la fraîcheur caractéristique auxquels il est même permis de prédire un beau potentiel de garde.

Domaine de la Tour du Bon
Le Brulat
83330 Le Castellet
Tél. : 04. 94. 32. 61. 62
Prix caviste : 11 €

TAVEL, DOMAINE DE L'ANGLORE

En 2002, Eric Pfifferling a décidé de quitter la cave coopérative des vignerons de Tavel pour travailler lui-même le raisin produit sur ses 6 hectares de vignes. “Autrefois, j'étais un producteur de raisin, aujourd'hui je suis un vigneron”, explique-t-il. Cette décision n'a pas été facile. Non pas tant à cause des risques pris que pour le malentendu que cela aurait pu susciter. Eric Pfifferling est attaché à l'appellation tavel qu'il entend défendre et illustrer. A aucun moment la tentation de produire un vin de marque vendu en vin de table ne l'a effleuré. Ce qu'il voulait, c'est donner du corps à l'idée qu'il se faisait du tavel. “C'est un peu comme si j'avais quitté ma famille pour suivre mon propre chemin. Grâce à cette aventure, j'ai pu me réconcilier avec la culture et l'histoire de l'appellation. Je sais les sarcasmes dont sont l'objet les vignerons qui travaillent sans soufre, mais je me sens en paix avec moi-même." Ancien apiculteur, Eric Pfifferling a toujours été sensible à la catastrophe écologique en cours. Peut-être grâce aux abeilles. Il soigne ses pieds de carignan, de cinsault, de grenache et de mourvèdre taillés en gobelet avec le plus grand soin, comme son grand-père avant lui. Au Domaine de l'Anglore, il produit désormais 5 000 flacons de tavel chaque année. Des vins fruités, construits, forts avec douceur, aux tons rubis irisés de topaze, à la bouche anisée qui nous donnent l'impression de renouer avec la splendeur perdue du vin qui émerveillait Frédéric Mistral.

L'Anglore
Route des Vignobles
30126 Tavel
Tél : 04. 66. 33. 08. 46
Prix caviste : 11 €

VDT, ROSE D'UN JOUR, MARK ANGELI

Homme de l'art habitué à la mesquinerie des médiocres, Mark Angeli a naguère vu son rosé d'Anjou privé d'AOC pour "manque de couleur". Las de se battre contre les moulins à vent d'une appellation qu'il était pourtant en train de relever, il le propose désormais en vin de table sous le nom ronsardien de Rose d'un jour. Comme le veut la loi, l'étiquette de ce vin est privée de millésime et d'adresse, le vigneron ayant simplement indiqué "quelque part en France" pour situer Thouarcé après avoir composé un petit poème en prose pour justifier sa colère : "Vu la notoire mais toujours sidérante incompétence des commissions d'agrément, vu les traîne-savates qui freinent les réformes vitales, vu que les Corses sont têtus, ce vin, qui se voulait pourtant standard, se nommera Rosé d'un jour jusqu'à la fin de ma carrière..." Il faut découvrir ce rosé légèrement moelleux issu du groslot, cépage autochtone qui donne de beaux résultats accordé à la douceur angevine. Il ne titre qu'à 11,2° d'alcool, avec une jolie couleur tuilée, un équilibre surprenant entre le sucre et l'acidité et des notes de miel et de fruits rouges qui réjouissent les papilles. Une fois le flacon de Rosé d'un jour vidé, on découvre au dos de l'étiquette une citation du poète américain Edward Estlin Cummings reproduite par un vigneron décidément très en colère : "Tant que nous avons des lèvres et des voix pour embrasser et pour chanter, qu'importe qu'un fils de pute invente un instrument pour mesurer le printemps."

Ferme de la Sansonnière
49380 Thouarcé
Tél. : 02. 41. 54. 08. 08
Prix caviste : 18 €

ROUGES

Eh bien, je vais te l'avouer, en ce moment, un simple verre de gros qui tache, un onze degrés très ordinaire, ferait de moi le plus heureux des hommes.

ALPHONSE BOUDARD, *La Cerise*.

VIN DE PAYS GROLLEAU, DOMAINE MONTGILET

Chez les Lebreton, on s'appelle Victor d'une génération l'autre. Il y a eu le grand-père, patriarche du Domaine de Montgilet décédé en 1997 à l'âge de quatre-vingt-dix-sept ans, le père, qui a pris sa suite pendant de longues années et le fils, qui veille désormais aux destinées du domaine avec son frère Vincent. La tradition familiale compte beaucoup dans ce domaine angevin des coteaux de l'Aubance qui s'étend aujourd'hui sur 37 hectares de vignes soignées avec douceur et labourées avec soin. Parmi tant de beaux flacons angevins qui auraient ravi le cœur des Trois Mousquetaires, ma faveur va depuis toujours au grolleau, vin de pays du jardin de la France impressionnant de fraîcheur et de fruits rouges. Un jus gourmand à souhait, issu du grolleau noir, un cépage autochtone également appelé groslot de cinq-mars. Un vin léger, un peu rustique, vendu à un prix défiant toute concurrence. Les anjous rouges, plus charpentés, me semblent moins convaincants. D'une belle gamme de chenins, je retiens le coteau-de-l'aubance. Le millésime 2003 était éclatant de mangue, de miel et de pêche. Du même millésime, j'ai dégusté un très bel anjou blanc à la bouche d'amandes et de fleurs blanches. Le millésime 2004 est proposé sous l'appellation "pinot blanc", vieux nom local du chenin. Il a une robe or clair, un nez levurien, un peu lactique, une bouche fruitée et florale, assez pure, mais manquant un peu d'intensité.

Domaine Montgilet
49610 Juigné-sur-Loire
Tél. : 02. 41. 91. 90. 48
Prix caviste : 4 €

VDT REDPIF, VINUMENTIS

C'est un petit vin de copains et de saucisson, un jus comme les aimait Jules Chauvet, franc et gouleyant. Issu d'un assemblage de carignan, de grenache, de cinsault et de syrah, le Red Pif goûte encore très bien un an après sa mise en bouteilles. C'est la preuve d'un jus vinifié avec soin, par macération carbonique par grappes entières pour le carignan, sans collage, ni filtration, avec très peu de soufre à la mise. Né sur un terroir argilo-calcaire de la Drôme, le Red Pif pourrait être classé en côtes-du-rhône. Yann et Sylvain Rohel préfèrent le proposer en vin de table. De l'utilisation intelligente de l'effet de marque. Les deux frères ont créé le label Vinumentis en 2004. Le premier s'occupe des vinifications, le second de la commercialisation. "Je ne suis pas vigneron, explique Yann, mon métier c'est vinificateur. Je travaille chez huit ou dix vignerons de la vallée du Rhône et du Beaujolais à qui je loue mes conseils. Parfois, cela peut être un peu frustrant en termes d'expression personnelle. Nous avons donc créé Vinumentis pour «griffer» certaines cuvées." Yann est tombé dans le vin à la faculté des sciences de Dijon, où il a passé un diplôme national d'œnologue dans les années 1987-1988. Fameuse époque. C'est à la fac qu'il a croisé Philippe Pacalet, qui lui a fait rencontrer son oncle Marcel Lapierre et Jacques Néauport, avec qui il est resté lié. "J'ai fait mes classes chez Marcel. Je suis de la famille sans soufre, méthode Lapierre." Les autres vignerons qui ont compté pour Yann Rohel sont François Dutheil de la Rochère, du Château Sainte-Anne et Marcel Richaud. Héritage et transmission, filiations des maîtres et des apprentis, générations de vignerons instruisant et de vignerons instruits… C'est ainsi que se perpétue la civilisation du vin.

"A ma sortie de la faculté d'œnologie, j'ai voulu oublier un peu la technologie et réapprendre tous les métiers du vin, de la vigne à la cave", insiste Yann Rohel. Vinumentis est né avec la complicité de vignerons tels que Serge et Anika Remusan, du Domaine Chapoton, chez qui ont été produites 13 000-14 000 bouteilles de Red Pif en 2004 et 2005. Un vin gaillard et réjouissant, qui n'exige pas de grands discours. Sa vérité est dans le verre.

Vinumentis
24, avenue du Prado
13006 Marseille
Tél. : 04. 91. 90. 67. 09
Prix caviste : 6 €

ANJOU GAMAY, LES COPINES AUSSI,
DOMAINE DES SABLONNETTES

"Les copains d'abord", chantait Georges Brassens. "Les copines aussi", lui répondent Joël et Christine Ménard en dédiant une cuvée d'anjou gamay à ce programme complémentaire qui n'annule en rien celui du baladin sétois. Au Domaine des Sablonnettes, le vieux refrain de Brassens est lui aussi honoré d'une étiquette, un pur grolleau classé en VDP du jardin de la France. Qu'on ne nous demande pas de choisir entre l'anjou et le vin de pays : nous voulons tout. Gamay de belle et rugueuse facture, la cuvée Les Copines aussi est produite avec des raisins cultivés avec soin et vendangés très mûrs. Elle a un nez concentré, une bouche de raisin écrasé, rieuse et gourmande, qui se prolonge sur des notes fugitives de fraise et de cerise. Pas de sucre de betterave ajouté, une dose de soufre discrète à la mise, voilà de quoi régaler les amateurs de beaux vins, de bonnes blagues, de belles femmes et de conversations gaies et libres sous la tonnelle. A la tête d'un domaine de 14 hectares qu'il a hérité de son père en 1982, Joël Ménard a rapidement compris que le salut des vignerons angevins passait par une baisse des rendements et une exigence nouvelle dans la conduite de la vigne. Ils sont désormais nombreux, dans le Maine-et-Loire, à avoir ainsi exclu les engrais chimiques, les insecticides et les herbicides de synthèse. Sans doute parce qu'ils préfèrent la rigolade aux jérémiades et que pour bien s'amuser, il faut d'abord produire de beaux vins.

Domaine des Sablonnettes
L'Espérance
49750 Rablay-sur-Layon
Tél. : 02. 41. 78. 40. 49
Prix caviste : 6,50 €

VDP DE LA SAINTE-BAUME, LES TERRES PROMISES, L'ANTIDOTE

Intellectuel, militant, coauteur de *Zéro politique* (Fayard), soutien de Jean-Pierre Chevènement lors de la campagne présidentielle de 2002, Jean-Christophe Comor a jeté l'éponge au soir d'un 21 avril de triste mémoire. Tandis que les Français étaient sommés de choisir entre la farce et la tragédie, il s'est pris à rêver d'un lopin de terre arraché à la jachère et de pieds de vigne soignés avec soin. Quelques mois plus tard, il acquérait dans le Var un domaine de 11 hectares baptisé Les Terres Promises. Des ceps de carignan âgés de quarante-cinq ans, d'autres un peu plus jeunes enrichis par une grande variété de raisin : cinsault, mourvèdre, grenache, syrah, rolle, clairette... Complété par quelques hectares dûment replantés, le domaine niché en contrefort du massif de la Sainte-Baume, à une trentaine de kilomètres de la mer, s'est joliment arrondi aujourd'hui. L'Antidote et l'Alibi, les deux premières cuvées classées en VDP de la Sainte-Beaume vinifiées par Jean-Christophe Comor en 2004, ont été commercialisés quelques mois plus tard. Ils étonnent par leur fraîcheur, leur belle couleur, leur richesse aromatique. En 2004, le ciel fut plutôt clément avec les vignerons de Provence. "La récolte était parfaite, nous l'avons ramassée à la main, sans avoir besoin de trier." Priorité à la cuvée l'Antidote, issue de vieux pieds de carignan et de rendements résolument bas (25 hl/ha). Vinifiée en macération carbonique, sans levures ni soufre, l'Antidote surprend un peu par sa raideur mais laisse apprécier sa netteté rustique. Assemblage de carignan (70 %) et de syrah (10 %), l'Alibi est plus épicé et plus rond. Un vin flatteur, au nez de fruit rouge concentré qui prouve la maîtrise d'un vigneron qui a acquis le métier avec une déconcertante tranquillité.

Domaine Les Terres Promises
Chemin de la Persévérance
83336 La Roquebrussanne
Tél. : 06. 81. 93. 64. 11
Prix caviste : 8 €

VIN DE TABLE, RIBEYRENC, THIERRY NAVARRE

Il y a quelque chose de proustien dans la démarche de Thierry Navarre, vigneron languedocien attaché à retrouver ce qui semblait irrémédiablement emporté par le passage du temps : des cépages oubliés, des façons de travailler, le respect paysan pour le cycle des saisons. A Roquebrun, village de belles pierres situé dans la zone d'appellation saint-chinian, il exploite 13 hectares de vignes avec conscience et passion. Les raisins vendangés à maturité sont à la fois les mêmes que ceux de ses voisins (muscat, syrah, carignan, cinsault, grenache) et des raretés qu'il est seul, ou presque, à avoir préservées. Il y a quelques années, on redécouvrait grâce à lui l'œillade, cépage local cousin du cinsault. Quelques centaines de bouteilles classées en vin de table pour un vrai régal de fruit et de fraîcheur. A l'amateur de vins rares et précieux, Thierry Navarre propose aujourd'hui de retrouver un autre cépage perdu, le ribeyrenc, naguère répandu dans l'Hérault et le Gard, mais victime du phylloxéra à la fin du XIXe siècle et de la rationalisation qui s'ensuivit. Les vignerons en quête de gros rendements et les *missi dominici* du ministère de l'Agriculture reprochent au ribeyrenc la fragilité de sa pellicule, sa sensibilité à la pourriture grise, au mildiou, à l'oïdium et aux gelées d'hiver. Ce cépage, également appelé l'aspiran, n'est donc pas inscrit au catalogue français des variétés de vignes autorisées de culture. En principe, le fruit qu'il produit devrait être intégralement réformé en raisin de table. Il n'en est rien grâce à un vigneron braconnier assez audacieux pour contourner la loi, sans haine et sans armes, mais avec les contraintes de l'agriculture biologique. Le vin de table que Thierry Navarre produit à partir du ribeyrenc est une gourmandise à la robe vermeille, au nez un peu raide, à la bouche délicate, rustique, parfumée, tendrement acidulée, peu alcoolisée et presque sans tanins.

Domaine Thierry Navarre
Route de Béziers
34460 Roquebrun
Tél. : 04. 67. 89. 53. 58
Prix caviste : 8 €

VDQS FIEFS VENDÉENS, DOMAINE SAINT-NICOLAS

Le mot fief est un vieux terme français qui désigne le domaine reçu par un vassal. Dans leur *Dictionnaire étymologique*, Bloch et Warburg le font remonter au francique "fehu", le bétail. Le contenant se serait substitué au contenu au terme d'un subtil glissement métonymique. Chez Rabelais un être *fieffé* possède une qualification au plus haut degré. Nul doute que Patrice Michon soit un fieffé vigneron, non par injure ou par exagération, mais au sens propre : il possède son art avec force et droit, comme une chose légitimement reçue. De même que le petit domaine viticole de Brem-sur-Mer, en bordure d'anciens marais salants du pays des Olonnes, qu'il a hérité de son père au début des années 1960 et joliment arrondi depuis lors. Le Domaine Saint-Nicolas fait aujourd'hui 32 hectares. Aidé de ses fils Eric et Thierry, Patrice Michon y cultive du pinot noir, du gamay et du cabernet franc pour les rouges, du chardonnay, du groslot gris et du chenin pour les blancs. Tous ses crus bénéficient de la classification en vin de qualité supérieure (VDQS) Fiefs vendéens. Au Domaine Saint-Nicolas, le travail de la vigne est soigné, les traitements respectueux de la nature, les vendanges manuelles et les rendements bas. Composés de silices argilo-schisteux et de cailloux, les terroirs de Brem-sur-Mer donnent naissance à des rouges francs et fruités.

Domaine Saint-Nicolas
11, rue des Vallées
85470 Brem-sur-Mer
Tél. : 02. 51. 90. 55. 74
Prix caviste : 8 €

MINERVOIS, MAIS OÙ EST DONC ORNICAR, JEAN-BAPTISTE SÉNAT

C'est avec le millésime 2001 de la cuvée Les Arpettes (80 % merlot, 20 % carignan) que nous avons découvert les vins de Charlotte et Jean-Baptiste Sénat. Cette cuvée nous a immédiatement séduits par sa belle robe violette, ses notes puissantes d'épices, de fruits noirs, de chocolat, avec des tanins bien marqués et une finale persistante. C'était un jour de grisaille et il y avait de la lumière dans notre verre ! Il nous restait de belles découvertes à faire dans la gamme de ce couple de vignerons qui a repris il y a une dizaine d'années un domaine de 18 hectares dans l'Aude, en contrefort de la Montagne noire, noble pays de soleil où le carignan, le cinsault, le grenache, la syrah et le mourvèdre sont rois. De la cuvée les Arpettes, classée en vin de pays des coteaux de Peyriac, à la cuvée Le Bois des merveilles (60 % grenache, 40 % mourvèdre), qui bénéficie de l'AOC minervois, la route est belle. Charlotte et Jean-Baptiste Sénat ont l'avantage d'avoir racheté des vieilles vignes qui leur permettent de produire des cuvées racées. La cuvée L'Enclos de l'ane est un pur grenache. Assemblés avec des grenaches de quarante ans (50 %) et des mourvèdres de vingt ans (20 %), leurs carignans centenaires sont à l'origine de la cuvée La Nine, délicate et fruitée, soyeuse en bouche, joliment aromatique après une heure passée en carafe. Inutile de préciser que sur le domaine les raisins sont vendangés à maturité, les rendements bas et les élevages en barrique longs. A l'opposé des jus surextraits dans le goût américain, les vins des Sénat sont charpentés sans être lourds.

Domaine Sénat
12, rue Argent-Double
11160 Trausse
Tél. : 04. 68. 78. 38. 17
Prix caviste : 9 €

VIN DE TABLE, LE COR EN CONTINU, PEYRA

L'Auvergne est habituellement réputée pour ses eaux minérales. On ignore qu'elle est aussi une terre de vins frais et gaillards. C'est dommage, car ces crus racés sont l'occasion d'étonnantes découvertes dans des gammes de prix défiant toute concurrence. Même Volvic compte un vigneron d'exception en la personne d'Alain Gaudet. Les côtes-d'auvergne du Domaine Sous-Tournouël ont souvent fait notre bonheur. Nos papilles et notre faveur restent cependant acquises aux splendides côtes-d'auvergne du Domaine de Peyra, vrais vins naturels issus de cuvaisons longues et de fermentations à basse température, dont les noms nous racontent des histoires : Le Ruisseau léger, Les Puys, La Roche, Vieilles Vignes, Les Liens, Mauvaises Herbes, sans oublier la belle cuvée Le Cor en continu, commercialisée en vin de table... Des crus presque tous issus du gamay noir à jus blanc, même si un peu de pinot noir peut intervenir dans l'assemblage. Ce dernier cépage était autrefois majoritaire en Auvergne, mais le phylloxéra a eu raison de lui au début du XXe siècle. Même si la mode du pinot revient, le gamay reste majoritaire au Domaine de Peyra, où il donne naissance à des vins amples, fruités, avec des arômes levuriens qui font le régal des amateurs. Des vins en harmonie avec les paysages où ils naissent, comme l'explique Stéphane Majeune, hardi homme de l'art, qui tient à bout de bras un des domaines les plus intéressants du moment.

Domaine de Peyra
Rue de la Garenne
63800 Saint-Georges-sur-Allier
Tél. : 04. 73. 77. 31. 84
Prix caviste : 9 €

ALSACE PINOT NOIR, BINNER

Joseph Binner et son fils Christian sont des vignerons à qui nous devons le bonheur d'avoir souvent bu des pinots noirs frais, fruités, magnifiquement vinifiés, expression pure de leur cépage et du terroir où ils sont nés. Des pinots noirs d'Alsace, certes, mais qui soutiennent largement la comparaison avec un certain nombre de pinots noirs de Bourgogne maltraités par des vignerons indignes. On comprendra que ce travail singulier, qui rejoint dans le Haut-Rhin celui de vignerons comme Gérard et Bruno Schueller, ait suscité des jalousies. Tous ces vins naissent sur un petit domaine de 6 hectares travaillé avec le plus grand soin : labour des sols, absence d'herbicides et de pesticides. Des vins d'Alsace capables de faire tomber tous les préjugés qui entourent l'appellation.

Domaine Binner
2, rue des Romains
68770 Ammerschwihr
Tél. : 03. 89. 78. 23. 20
Prix caviste : 10 €

COTEAU-DU-LANGUEDOC, PIC SAINT-LOUP, CLOS MARIE

Au Clos Marie, notre faveur va à la cuvée L'Olivette. Un coteau-du-languedoc, riche, soyeux, goûteux, né d'un travail rigoureux de vignes plantées sur les contreforts arides du pic Saint-Loup. Un vin que les cavistes et les restaurateurs s'arrachent année après année, sans que des stocks n'aient le temps de se constituer. On voudrait que les vignerons étranglés par le négoce et accablés par la spirale de la baisse des prix prennent davantage modèle sur des garçons comme Christophe Peyrus, qui a posé son sac dans le Languedoc après sept années passées dans la Royale où il a servi comme timonier. Travail de la terre, vinification respectueuse de la nature et élevages longs permettent au grenache et à la syrah, complétés par un peu de cinsault et de mourvèdre, de magnifiquement s'exprimer.

Clos Marie
Route de Cazeneuve
34270 Lauret
Tél. : 04. 67. 59. 06. 96
Prix caviste : 10 €

TOURAINE, LA GUERRERIE, CLOS DU TUE-BŒUF

Au jeu des sept familles, qu'on pourrait un jour imaginer dans le monde du vin naturel, Jean-Marie et Thierry Puzelat appartiendraient de toute évidence à la famille des kamikazes. Aucun syndicat viticole ni aucune instance émanant du ministère de l'Agriculture n'aura jamais raison de ces artisans qui vinifient leurs chevernys et leurs touraines en totale liberté, toujours prêts à se cogner la tête contre les murs de l'ignorance et de la paresse. "Revenons à l'ancien, ce sera un progrès", demandait Giuseppe Verdi. Les frères Puzelat appliquent depuis des années ce principe sur les 16 hectares du domaine Le Clos du Tue-Bœuf aux Montils : labour des sols, absence de pesticides et d'engrais chimiques, rendements faibles, vinifications obéissant aux préceptes de mesure et d'hygiène jadis énoncés par Jules Chauvet. Nous sommes quelques-uns à avoir pleuré de bonheur en dégustant le millésime 2000 de la cuvée Caillère (100 % pinot noir). Nous gardons un souvenir ému de la dégustation des cuvées Frileuse (sauvignon et chardonnay) et Brin de chèvre (menu pineau). Je comprends que cela fasse des jaloux, mais je ne vois pas comment se passer de la cuvée La Guerrerie (70 % côt, 30 % gamay) issue de terroirs à silex nichés à 4 kilomètres au sud de la Loire. Un vin puissant, fruité, complexe, apte au vieillissement.

Clos du Tue-Bœuf
6, route de Seur
41120 Les Montils
Tél. : 02. 54. 44. 05. 16
Prix caviste : 10 €

CHINON, DOMAINE DES ROCHES, LENOIR

A Chinon, Rabelais possédait une vigne d'où il tirait un vin doux et velouté qui le mettait en extase. "Que Dieu est bon qui nous donne ce bon piot, ce bon pineaulz blanc... C'est du vin pineaulz, le gentil vin blanc ! Et, par mon âme, ce n'est que vin taffetas..." C'était dans les premières années du XVIe siècle, à une époque où le vignoble chinonais était essentiellement dédié à la production de vin blanc. Aujourd'hui, le rouge a pris le dessus, le cabernet franc étant chez lui entre Cravant-les-Coteaux et Beaumont-en-Véron. Dans la région, on l'appelle le "breton", sans que personne ne connaisse avec certitude l'origine de ce nom qu'on trouve déjà dans Rabelais, grand amateur de "ce bon vin breton, lequel point ne croist en Bretaigne mais en pays Véron". Aujourd'hui, l'effigie de l'auteur du *Gargantua* figure sur les étiquettes de nombreuses cuvées, mais son esprit n'est plus dans la bouteille. De grands noms du chinon ont pris leur retraite sans que la relève soit assurée. C'est une grâce du ciel qu'à

Beaumont-en-Véron, Alain et Jérôme Lenoir continuent de travailler leurs trois hectares de terre et de soigner leurs vignes avec l'amour qu'y mettaient leurs aïeux au début du XXe siècle. Le père et le fils communient dans une même idée du chinon et s'entendent à merveille pour profiter au mieux d'un climat semi-océanique et d'une diversité géologique due à la rencontre de la vallée de la Loire et de celle de la Vienne. Sur leur domaine, ni engrais chimique ni désherbant. Dans leur cave, ni collage ni filtration, mais des vinifications longues et des crus qui peuvent rester jusqu'à six ans en fût. Des chinons de garde, vrais vins d'artisans vignerons, nés sur des sols argilo-calcaires, souvent magnifiques de puissance et de complexité. Ainsi les millésimes 1989 et 1990, dégustés avec émerveillement quinze ans après.

Les Roches
19, rue d'Isoré
37420 Beaumont-en-Véron
Tél. : 02. 47. 58. 40. 09
Prix caviste : 10 €

CÔTES-DU-RHÔNE, LES GRANDES VIGNES, VIGNERONS D'ESTÉZARGUES

Un peu serrés, les côtes-du-rhône 2003 des Vignerons d'Estézargues nous avaient laissés craindre un millésime 2004 difficile d'accès. Il n'en est rien, ce qui nous autorise à saluer cette coopérative longtemps inspirée par l'excellent Jean-François Nicq, comme une des associations les plus intéressantes du moment. Ils sont une dizaine de viticulteurs dans cette improbable coopérative aux couleurs du monde d'avant, travaillant tous sans engrais chimiques et sans désherbants, avec des rendements faibles, des vinifications en macération carbonique. Leurs cépages ? Syrah, cinsault, mourvèdre, carignan... Des raisins qui font les vins qu'on aime. Qui aurait pu imaginer que dix vignerons aux histoires et aux itinéraires aussi différents pouvaient s'entendre pour travailler en agriculture raisonnée, tous soumis au cahier des charges Terra Vitis, qui implique le travail du sol et des traitements circonspects. Il faut croire que Jean-François Nicq, parti vers de nouvelles aventures dans le Roussillon depuis 2002, fut un animateur au sens propre du mot : un vigneron qui donna une âme à ce regroupement d'hommes et de femmes d'exception. Et qui aurait pu imaginer que tous travailleraient de la manière la plus naturelle possible, c'est-à-dire sans soufre ? "Ça paraît compliqué, mais c'est plus facile avec des grosses quantités qu'avec des petites", confie modestement Jean-François Nicq. A découvrir absolument, la cuvée Les Grandes Vignes, un pur cinsault, frais, léger, fruité, étourdissant.

Les Vignerons d'Estézargues
Route des Grès
30390 Estézargues
Tél. : 04. 66. 57. 03. 64
Prix caviste : 10 €

COTEAUX-DU-VENDÔMOIS,
DOMAINE DE MONTRIEUX, ÉMILE HÉRÉDIA

Nul doute qu'un terroir aussi limité que celui des coteaux-du-vendômois suscite le mépris des œnologues vus à la télévision, avec leur joli plastron noir, leur air grave et leur nœud papillon. "Le Loir-et-Cher, vous comprenez, c'est un peu loin. Alors pour boire des vins de ferme…" Si ça les gêne de marcher dans la boue, on ne les priera pas pour dîner avec nous. Ne nous plaignons pas. Les vins d'Emile Hérédia sont un régal, et il n'y en a pas pour tout le monde. Ses beaux flacons ne constituent qu'une infime partie des 600 000 bouteilles produites chaque année sur le terroir et cela suffit à notre bonheur. Installé sur les deux rives du Loir, une rivière qui relie Vendôme à La Flèche avant d'aller se jeter dans la Loire, le vignoble des coteaux-du-vendômois, longtemps classé en VDQS avant de bénéficier d'une AOC depuis 2001, est le plus septentrional de la belle vallée, avec celui de Jasnière, qu'il bat d'une courte tête. Conservateur au beau sens du mot,

Emile Hérédia a redonné ses lettres de noblesse au pineau d'aunis que certains croyaient seulement capable de donner naissance à des vins gris herbacés. Les rouges rustiques du Domaine des Montrieux, qui bénéficient de l'AOC coteaux-du-vendômois, ont du fruit, de la matière et une longueur épicée. Avec des vins aussi charmants, des vers de Ronsard vous montent immédiatement aux lèvres : "Quand je suis vingt ou trente mois / Sans retourner en Vendômois, / Plein de pensées vagabondes, / Plein d'un remords et d'un souci, / Aux rochers je me plains ainsi, / Aux bois, aux antres et aux ondes."

Domaine de Montrieux
41100 Naveil
Tél. : 02. 54. 77. 75. 40
Prix caviste : 10 €

VDP DE L'ARDÈCHE, CUVÉE RAOUL,
DOMAINE DE MAZEL

"Je vais lui montrer qui c'est Raoul... Aux quatre coins de Paris qu'on va le retrouver éparpillé par petits bouts façon puzzle..." Un souvenir de cinéma sert parfois de déclencheur, à l'heure où il s'agit de choisir un vin au restaurant. Un vieil écho des *Tontons flingueurs*, et l'image des yeux hallucinés de Bernard Blier, nous suffit ainsi pour commander la cuvée Raoul du Domaine de Mazel, un jour où nous ne savions plus à quel saint nous vouer. Une vague intuition nous avait fait pressentir que Michel Audiard valait bien Robert Parker… Qui croira que nous nous sommes trompés ? Ce Raoul 2002, 100 % pur carignan, était à la fois vif, frais en bouche et joliment épicé. Il nous fit revoir les monts d'Ardèche où Gérald et Jocelyne Oustric élaborent des crus typiques de leurs cépages et de leurs terroirs avec un soin extrême. “Vin sans soufre”, annonçait la carte : c'est très à la mode ces temps-ci, et pas toujours vérifié. Mais cette fois-ci on pouvait croire que c'était vrai. Seule l'utilisation extrêmement discrète de l'anhydride sulfureux (SO_2), qui peut aller jusqu'à sa suppression pure et simple lorsque le raisin est beau, donne des vins aussi équilibrés aromatiquement. Après la cuvée Raoul, nous l'avons vérifié avec la cuvée Planet, 100 % cabernet sauvignon : le fruit, la vivacité, la souplesse étaient toujours là. En fin de repas, il fallut goûter la cuvée Charbonnière. C'était l'heure du départ. Ce chardonnay au nom de mésange nous donna des ailes.

Domaine de Mazel
07400 Valvignères
Tél. : 04. 75. 52. 62. 82
Prix caviste : 12 €

BOURGUEIL, NUIT D'IVRESSE, CATHERINE ET PIERRE BRETON

Catherine et Pierre Breton ont donné à deux de leurs cinq cuvées de bourgueil des noms évocateurs : Nuit d'ivresse et Trinch ! Ce dernier mot, on s'en souvient, est celui de la Dive Bouteille au dernier chapitre du *Cinquième Livre* de Rabelais. "Alors de la bouteille sacrée sortit un bruit semblable à celui que font les abeilles, lorsqu'elles jaillissent de la chair d'un jeune taureau tué et préparé selon la méthode inventée par Aristée, ou pareil au sifflement de la flèche, lorsque l'arbalète se débande, et au bruit que fait en été une forte pluie. On entendit ce mot : *Trinch*..." C'est un onzième commandement à prendre au sérieux pour découvrir les vins des Breton, issus de 15 hectares de cabernet franc travaillés avec soin, cultivés sans engrais chimique ni désherbant, vendangés à la main, vinifiés de manière naturelle, sans levures aromatiques, sans filtration et sans soufre à la mise en bouteilles pour la cuvée Nuit d'ivresse. Ce vin est le plus convaincant de la gamme, car il ne donne pas à l'expression du terroir un avantage trop marqué sur la fraîcheur du fruit. Il a une bouche gourmande, ronde et souple, avec des notes de fruits rouges et même de champignons et de sous-bois après quelques années de garde. Provenant d'une sélection de vieilles vignes plantées sur les terroirs argilo-calcaires de Benais et de Restigné, il infuse le pantagruélisme dans l'âme du buveur, à savoir "certaine gaieté d'esprit, pleine de mépris pour les choses fortuites".

Catherine et Pierre Breton
8, rue du Peu-Muleau
37140 Restigné
Tél. : 02. 47. 97. 30. 41
Prix caviste : 14 €

CÔTES-DU-RHÔNE, VINSOBRES,
DOMAINE DE GRAMENON

Comme elle s'est acclimatée au pied des grands pics granitiques du nord de Valence, la syrah a trouvé entre Montélimar et Avignon quelques terroirs d'élection, composés d'argiles sèches et de cailloux calcaires. Dans cette partie méridionale des côtes-du-rhône, elle voisine avec le grenache, le cinsault et le mourvèdre, à l'origine de vins rouges qui n'ont, hélas, pas toujours bonne réputation. Vu de loin, l'encépagement, la variété des climats et les systèmes de classification paraissent compliqués. Heureusement, l'amateur finit par s'y retrouver et par identifier quelques beaux noms qui sont à la fois des amers et des phares. Pour désespérer Jonathan Nossiter, qui expliquait un jour que le Gramenon était un "vin à la mode", redisons tout le bien que nous pensons du travail de Michèle Aubéry-Laurent au Domaine de Gramenon, une belle maison où les vignes sont cultivées avec soin, engraissées naturellement, où le raisin est récolté à maturité, où la mise en bouteilles se fait sans filtration ni collage, parfois sans soufre pour certaines cuvées. Très fruitée, la cuvée Poignée de raisins, issue de 90 % de grenache et de 10 % de cinsault, nous a toujours enchantés. Situé à une vingtaine de kilomètres au nord de Châteauneuf-du-Pape, le village de Vinsobres est le lieu de naissance d'un réjouissant côtes-du-rhône village, à dominante de grenache, dont le millésime 2001, un petit peu fermé dans les premiers mois, s'est finalement révélé ébouriffant.

Domaine de Gramenon
26770 Montbrison-sur-Lez
Tél. : 04. 75. 53. 57. 08
Prix caviste : 14 €

VDT, RACINES, CLAUDE COURTOIS

C'est avec les cuvées de Claude Courtois que nous avons naguère découvert qu'il existait des vins libres, naturels, vivants dans la bouteille et respirant dans le verre. Il y en eut beaucoup d'autres par la suite, mais nous n'avons jamais oublié ceux-là, bus à grandes rasades avec l'ami Soloy sur le comptoir de *La Chopotte*, le bistrot à vins que Marc et Odette Salles tenaient alors rue d'Alésia dans le 14e arrondissement de Paris. Il y avait la cuvée Quartz, vive, fraîche, minérale, la cuvée Plume d'ange, riche, fruitée, goûteuse, et la cuvée Racines, notre préférée, construite, jouissante, magnifiquement subtile après une demi-journée passée en carafe. Et quelques autres cuvées que nous découvririons par la suite, assemblages singuliers de gamay, de pineau d'aunis, de côt, de cabernet franc et de syrah pour les rouges, de sauvignon, de chardonnay, de menu pineau et de romorantin pour les blancs. Autrefois classés en vin de pays de Sologne, les vins de Claude Courtois ont été victimes de la bêtise des dégustateurs chargés de l'agrément. Ils sont désormais proposés en vin de table, ce qui les prive en principe de l'indication du millésime. N'importe. Installé au cœur d'un pays de lapins roux et de perdreaux gris, Claude Courtois est un braconnier d'un genre un peu particulier, qui continue à produire des vins non pas tels que les réclament les œnologues, mais tels qu'il a envie de les boire.

Domaine Courtois
Lieu-dit "Les Cailloux"
41230 Soings-en-Sologne
Tél. : 02. 54. 98. 71. 97
Prix caviste : 14 €

MOULIN A VENT, CHRISTOPHE PACALET

Pour devenir vigneron en France aujourd'hui, il faut être soit fortuné soit hériter d'un domaine. Le prix du foncier reste excessivement élevé malgré une crise dont parlent toutes les gazettes. Les rentrées financières sont de moins en moins assurées et ne parlons pas du rôle ambigu joué par le Crédit agricole, les trafiquants d'engrais et les marchands de machines. Surtout dans une région en souffrance comme le Beaujolais où les truqueurs et les laborantins de toute espèce ont gâché le métier. Il y a heureusement quelques audacieux pour reprendre l'étendard tombé dans la poussière et se jeter dans la mêlée avec peu d'argent en poche. Ainsi Christophe Pacalet, qui s'est engagé dans la carrière à la suite de son cousin Philippe, le magicien du pinot noir qui officie du côté de Beaune. Héritier, ce jeune vigneron ne l'est pas de vignes, mais d'un savoir-faire. Celui de son oncle, Marcel Lapierre, dont le moins qu'on puisse dire est qu'il a le sens de l'héritage et de la transmission. Aux Chênes, la vinification de son morgon est désormais assurée par son fils Mathieu. A son neveu, Marcel Lapierre a donné le goût des vinifications précises, sans soufre ni chaptalisation, qui donnent naissance à des crus du Beaujolais exprimant au plus près la spécificité aromatique de leur terroir. Grâce au raisin qu'il achète sur les côtes de Brouilly, à Chiroubles, Moulin-à-Vent et Chénas, Christophe Pacalet produit des vins nets, concentrés et très aromatiques. Notre faveur va à son moulin-à-vent à la robe rouge-violet foncé, au nez de fruits mûrs, avec une matière fruitée en bouche, puissante et soyeuse.

Christophe Pacalet
Les Marcellins
Les Bruyères
69220 Cercié
Tél. : 04. 74. 66. 24. 08
Prix caviste : 13 €

BROUILLY, VIEILLES VIGNES,
GEORGES DESCOMBES

De la banlieue de Mâcon aux marches de Lyon, la route est belle, mais quelquefois plus longue que prévue. A chaque étape, un cru choisi : saint-amour, juliénas, chénas, moulin-à-vent, fleurie, chiroubles, morgon, régnié, brouilly, côtes-de-brouilly… Et à trois reprises, des vins de Georges Descombes, dit le “Nun”, qui produit à la fois un morgon fruité, charpenté et rustique, un brouilly tout en fruit et en finesse et un chiroubles tendre et élégant, avec de beaux arômes floraux, récolté sur des vignes nichées à 400 mètres d'altitude, juste au-dessus des villages de Fleurie et de Villié-Morgon. Généreux et cohérent, l'ensemble nous donne l'occasion de répéter qu'il n'y a de crise, en Beaujolais et ailleurs, que pour les vignerons qui ont perdu les références de leur métier. Si l'Union européenne risque bientôt de proposer une prime à l'arrachage pour ramener les 22 500 hectares que compte le vignoble beaujolais à des proportions plus étroites, c'est d'abord parce que bon nombre des 3 500 exploitants locaux produisent une affreuse piquette filtrée, diluée, acide, levurée, sucrée, à vous donner envie de boire de l'eau. A l'inverse, le succès de vignerons comme Georges Descombes vient de leur obstination à travailler leurs vignes et à intervenir le moins possible en cuverie. Sans artifices, ni grands discours, ils produisent des vins qu'on aime.

Georges Descombes
Vermonts
69910 Villié-Morgon
Tél. : 04. 74. 69. 16. 67
Prix caviste : 14 €

MORGON, CÔTE DU PY, JEAN FOILLARD

Sous le soleil de Villié-Morgon, Marcel Lapierre n'est heureusement pas le seul vigneron à produire des vins qui sauvent l'appellation. Homme de l'art attaché à soigner le végétal et à vinifier ses vins selon les préceptes naguère énoncés par Jules Chauvet, Jean Foillard est un de ceux dont on peut à coup sûr acheter les flacons les yeux fermés. Chez lui, pas d'intrants chimiques dans les sols. Des engrais naturels, des vendanges à maturité, des macérations à basse température sur levures indigènes, des vins non filtrés et pas ou peu soufrés… Avec de tels principes, scrupuleusement respectés, la dégustation peut commencer en toute tranquillité, non pas les yeux fermés, mais l'esprit tranquille. Le morgon Côte du Py, issu de raisins récoltés sur les plus belles vignes de l'appellation, est le chef-d'œuvre de Jean Foillard. Voilà un vin naturel qui ne faisait pas sourire le regretté Michel Picard. On aime sa robe de belle intensité aux reflets violacés, son attaque franche et veloutée, sa bouche de griotte, de framboise, de mûre, fruitée et gouleyante à souhait. Si l'on ajoute quelques délicates notes de violette, on reconnaît un vin d'un climat d'exception, dont le sol composé d'ardoises imprégnées d'oxyde de fer est appelé "terre pourrie" ou "morgnon", un mot à l'origine d'une des plus belles appellations du beaujolais.

Jean Foillard
Le Clachet
69910 Villié-Morgon
Tél. : 04. 74. 04. 24. 97
Prix caviste : 14 €

CÔTES-DE-ROUSSILON, LES GLANEUSES, FOULARDS ROUGES

Jean-François Nicq fait partie de ces vignerons qui nous empêchent de désespérer du vin français, nous autorisant à penser que malgré la crise – réelle – le vignoble du vieux pays vit un formidable moment de renaissance. Nicq, on l'a d'abord vu du côté de Cairanne, dans les côtes du Rhône. Avec Frédéric Alary et Marcel Richaud, ils se sont trouvés d'accord pour refuser les goûts standardisés, la technologie à outrance, la recherche de la surmaturité chère à Robert Parker, les fortes extractions, la thermovinification, le levurage, la filtration, le sulfitage intensif. C'est ainsi qu'ils sont revenus vers des vins de soif et d'amitié, éclatants de fruit et de bonne humeur. Pour Jean-François Nicq, l'aventure se poursuit aujourd'hui à Montesquieu, dans les Pyrénées-Orientales, au Domaine des Foulards Rouges. Un nom choisi en hommage au beau roman de cape et d'épée de Frédéric H. Fajardie. Jean-François Nicq est un lecteur passionné du maître du néopolar. Plantés de syrah, de cabernet sauvignon, de muscat, de grenache et d'un peu de macabeu, les 10 hectares de son domaine travaillés avec soin bénéficient d'une magnifique exposition. Au total, Jean-François Nicq propose différentes cuvées. Parmi nos préférées, Les Glaneuses (80 %

grenache, 20 % syrah). Un 2003 récemment dégusté avait un magnifique arôme de réglisse. Un vrai vin de mousquetaire !

Domaine des Foulards Rouges
10, chemin du Roy
66740 Montesquieu
Tél. : 04. 68. 81. 66. 03
Prix caviste : 14 €

MORGON "NATURE", MARCEL LAPIERRE

Après deux années 2001 et 2002 particulièrement difficiles, les admirateurs du morgon de Marcel Lapierre ont découvert la cuvée 2003 comme une renaissance, un retour à l'idée d'origine, celle de ses merveilleux millésimes 1985 et 2000. Des morgons à la belle robe rubis, au nez intense de cerise et de violette nuancé d'abricot et à la bouche longue et soyeuse. Le morgon 2003 avait été annoncé dès le mois de novembre par l'étonnant primeur du Château Cambon dont les dernières bouteilles goûtent encore magnifiquement un an après. En 2003, Marcel Lapierre a su tirer profit d'un accablant été de sécheresse pour produire un de ses plus beaux millésimes. Trente ans après sa première vendange au Domaine des Chênes, il apportait encore une fois la preuve qu'il était non pas le "pape du morgon", comme l'a naguère écrit le magazine *Gault & Millau*, mais l'un des meilleurs vinificateurs du moment. Travail de la terre, refus des engrais et des pesticides, macération semi-carbonique à la beaujolaise ont toujours été ses maîtres mots. Sa manière et ses vins ont fait école. Il y a désormais de nombreux vignerons qui travaillent dans le même esprit que lui à Morgon : Guy Breton, Jean-Claude Chanudet, Georges Descombes, Jean Foillard, Jean-Paul Thévenet. Le morgon de Marcel Lapierre est un chef-d'œuvre, un vin que l'on déguste toujours trop tôt. Il faudrait avoir la patience de le boire après sept ans de réflexion.

Les Chênes
69910 Villié-Morgon
Tél. : 04. 74. 04. 23. 89
Prix caviste : 14 €

FAUGÈRES, VALINIÈRE, DOMAINE BARRAL

Les journaux annoncent chaque saison que le Midi viticole est en crise. On nous explique partout que les petits producteurs sont les plus vulnérables. Ils seraient incapables de peser face aux négociants, inaptes à lancer des vins de marque, dont les imbéciles attendent aujourd'hui le salut. Il est vrai que les chiffres font peur. 40 000 exploitations ont disparu en Languedoc-Roussillon depuis la fin des années 1970. Les stocks, désormais monstrueux, ont entraîné une chute des cours de 25 % en 2005. C'est d'autant plus tragique que cela concerne un bassin immense, une région dont les terres viticoles, étendues sur une grande partie de l'arc méditerranéen, représentent un tiers du vignoble français. Du côté de Béziers, où il cultive un peu plus de 20 hectares de vignes avec un soin extrême, Didier Barral doit avoir le sentiment de vivre dans un autre temps. Depuis 1993, il produit des faugères d'origine contrôlée sans attendre son salut d'une directive européenne ou d'un vin de cépage. Partant, il est épargné par la crise. Insensible aux discours dominants, il a toujours refusé de produire une cuvée 100 % syrah pour privilégier les vins d'assemblage. De beaux carignans, de vieux grenaches et du mourvèdre plus récemment planté lui permettent d'élaborer des vins surprenants et subtils, à la robe profonde, au nez généreux d'épices, de viande grillée et de cuir. Elevée vingt-quatre mois en fûts, la cuvée Valinière, à dominante de mourvèdre, est probablement la plus belle. Mais comme avec les beaux bandols, il faut attendre une dizaine d'années pour qu'elle donne le meilleur d'elle-même.

Domaine Barral
Lenthéric
34480 Cabrerolles
Tél. : 04. 67. 90. 29. 13
Prix caviste : 19 €

VDT BRUNO DUCHÊNE, LA LUNA

A Collioure, les artisans les plus intéressants d'un vignoble de 445 hectares étendu jusqu'à Banyuls-sur-Mer produisent des vins non mutés, propres à exprimer toutes les potentialités aromatiques du grenache, raisin roi le long de la frontière espagnole. "Je le cultive en quatre couleurs : blanc, gris, rouge, noir", explique Bruno Duchêne, qui travaille un vignoble de 4 hectares arrangé à l'ancienne. Et à la pioche s'il vous plaît ! Chez lui, la machine ne pourrait pas passer, et même un mulet s'épuiserait. Il ne reste que l'homme, à qui il faut accepter de souffrir pour produire bon. La vue sur mer doit heureusement consoler Bruno Duchêne de sa peine. Depuis 2002, il a signé une série de cuvées qui ont régalé les gourmands. Il faut dire que ce vigneron a suivi quelques vinifications en Bourgogne chez Fred Cossard. De l'élève d'un si bon maître, on n'attendait pas de médiocre résultat. A Paris comme à Toulouse, chez l'excellent Eric Cuestas du *Temps des Vendanges*, la cuvée Vall Pompo, 100 % grenache gris, pure, maritime, iodée, est quasiment introuvable. Reportons-nous donc aux cuvées de rouge, qui bénéficieraient toujours de l'appellation collioure si les gentils dégustateurs délégués par l'INAO acceptaient qu'un vigneron laisse du gaz carbonique dans ses bouteilles et juge qu'une oxydation mesurée puisse faire partie de son caractère. La cuvée La Luna, assemblage de grenache et de carignan, est ronde, soyeuse, goûteuse. La cuvée La Pascole est un pur grenache sensuel et délicat, joliment équilibré et épicé.

Bruno Duchêne
3, rue Jean-Bourrat
66650 Banyuls-sur-Mer
Tél. : 04. 68. 88. 06. 94
Prix caviste : 20 €

FITOU, MARIA FITA

Après de longues années de bons et loyaux services rendus à la gastronomie française, Jean-Michel et Marie Schmitt ont décidé de mettre leur passion au service d'une viticulture de qualité. La vente du *Comptoir du Victuailler*, leur restaurant de Gordes, joli village du Lubéron où l'on s'arrêtera avec profit, leur a permis d'acheter des vignes à Villeneuve-les-Corbières, terroir des environs de Narbonne. Courageux choix lorsqu'on songe à la réputation souvent malheureuse des fitous, l'appellation d'origine que Jean-Michel et Marie Schmitt se sont employés à relever, avec l'aide de leur fils John et de l'excellent Maxime Magnon, qui fit ses armes à Cornas, chez Thierry Allemand, et en Champagne, chez Anselme Selosse… Excusez du peu !

Au domaine, commençons par le meilleur : la cuvée Maria Fita, un fitou de compétition issu d'un assemblage de grenache, de lledoner, de pelut, de carignan et de syrah, vinifié en macération carbonique, sans sucre ni soufre ajouté, qui titre à 14,5° d'alcool. Ce vin à la robe foncée est concentré, avec un joli nez de fruits noirs, des tanins souples, une finale longue. Même au cœur de l'hiver, ce vin vous met du soleil plein le verre. Viennent ensuite un fitou qu'on a honte d'appeler ordinaire et un vin de pays joliment fait.

Domaine Maria Fita
12, avenue du Pont-Neuf
11360 Villeneuve-les-Corbières
Tél. : 04. 68. 45. 41. 81
Prix caviste : 20 €

VIN DE TABLE, L'ANGLORE, COMMEYRE, MAGNUM

Au Domaine de l'Anglore, Eric Pfifferling ne produit que 20 000 bouteilles par an, mais distribue cette petite production en neuf cuvées différentes, soucieux de ne produire que des vins extrêmement typiques de leurs cépages et de leur terroir. La cuvée Comeyre, proposée en magnums, est issue de vieux plants de carignan plantés par son arrière-grand-père en 1926. Rond, soyeux, fruité, ce vin est une manière de sommet dans le goût dont on attend avec impatience les mises de chaque nouveau millésime. La sagesse consistera à les acheter par douzaine. Mais ce ne sera pas simple, et il faudrait être doué pour réussir à soudoyer ce vigneron que son vieux sang huguenot rend incorruptible. Pour patienter, on pourra découvrir les cuvées Futur simple, 100 % cinsault, Voie off, 80 % grenache, 20 % cinsault, Traverses, un assemblage de mourvèdre et syrah, et Pierre chaude. Sans oublier la cuvée Terre d'ombre, un pur grenache, rouge-rosé, frais et fruité, qui pourrait revendiquer l'AOC tavel, si des macérations un peu longues ne lui donnaient trop de couleur. Un véritable crime pour les apôtres du vin standardisé. Criminels également les blancs des cuvées Caprices, issus de chasselas plantés près de Nîmes, et Sels d'argent, issus de grenache et de clairette : non filtrés, non sulfités, ils sont privés de l'appellation d'origine dont on gratifie d'affreuses piquettes vendues par hectolitres dans les hypermarchés. De toutes ses vignes, la plus extraordinaire est une parcelle de grenache blanc plantée dans une zone pavillonnaire de Tavel où la vigne a été arrachée. Pendant que certains préparent la France d'après, celle-ci s'obstine à appartenir à celle d'avant. Comme l'homme qui la travaille.

L'Anglore
Route des Vignobles
30126 Tavel
Tél. : 04. 66. 33. 08. 46
Prix caviste : 24 €

SAUMUR-CHAMPIGNY, LES POYEUX, CLOS ROUGEARD

A Saumur, place stratégique des bords de Loire où un émissaire de Louis XI vint jadis défier le roi René d'Anjou occupé à peindre une bartavelle, ma faveur va à deux vins. Château-yvonne pour les blancs, clos-rougeard pour les rouges. Rustique et délicate à la fois, issue d'un beau coteau de 2,7 hectares exposé plein sud, la cuvée Les Poyeux est une expression complète du cabernet franc, à la bouche soyeuse de cassis, de groseille et de framboise. L'élevage est parfois un petit peu souligné, mais pas sur le millésime 1996 qui m'a régalé. Je n'avais pas connu pareille sensation avec du cabernet franc depuis les derniers millésimes vinifiés à Chinon par Charles Joguet, notamment un clos-de-la-dioterie 1989 de haute mémoire. Héritiers de huit générations de vignerons, Charlie et Nady Foucault exploitent le domaine depuis 1969. Ils ont traversé les décennies 1970 et 1980 sans se soucier des modes et apparaissent aujourd'hui très en avance sur la plupart de leurs voisins. C'est le privilège de posséder un art qui vient de haut et de loin. A *La Promenade*, l'excellent restaurant de Jacky Dallais au Petit-Pressigny, j'ai un jour découvert sur la carte des vins un clos-rougeard 1900… Je me suis rabattu sur un autre millésime, mais pas sur un autre vin, ce que Xavier, le sommelier, aurait tenu pour une faute de goût impardonnable. Il faut le dire : Jacky Dallais est le meilleur cuisinier de Touraine et l'on peut ajouter le Saumurois et l'Anjou sans lui trouver de rival. Au Petit-Pressigny, on vient goûter une cuisine en accord avec les paysages au milieu desquels elle s'épanouit. Un étonnant bouillon de carotte aux fèves, sarriette et lard ; un ormeau magnifiquement cuit servi avec des asperges vertes ; un rognon de veau aux baies de genièvre ; une géline de Touraine rôtie au citron, qui est chez elle dans cette maison ; et une carte des desserts pleine de trouvailles. Impressionnante collection de cuvées et de millésimes du Clos Rougeard.

Clos Rougeard
15, rue de l'Eglise
49400 Chacé
Tél. : 02. 41. 52. 92. 65
Prix caviste : 24 €

CÔTES-DU-RHÔNE, LA MÉMÉ, GRAMENON

Les contempteurs de la viticulture industrielle aiment de temps en temps le rappeler aux firmes habituées à gâcher le raisin à grande échelle : le vin, c'est une boisson et une boisson, c'est fait pour être bu. Voilà pour ceux qui chargent leurs vignes en désherbants chimiques et autres produits de synthèse avant de se livrer à des cuvaisons qui ont plus à voir avec le *process* de fabrication du soda qu'avec la lente et longue élaboration d'un vin. Cela dit, il arrive à l'amateur de vins naturels d'être confronté à des flacons qui semblent contenir autre chose qu'une boisson. Ainsi ces bouteilles de côtes-du-rhône La Mémé 1995 provenant des ceps centenaires préphylloxérique du Domaine Gramenon. Une Idée pure du vin. Ce côtes-du-rhône à l'incroyable finesse, aux tanins admirablement fondus est issu de vieux grenaches qui défient toute comparaison.

Domaine Gramenon
26770 Montbrison-sur-Lez
Tél. : 04. 75. 53. 57. 08
Prix caviste : 28 €

SAINT-JOSEPH, SAINTE-ÉPINE, ROMANEAUX-DESTEZET

Parmi tant de terroirs de la vallée du Rhône produisant des crus rares et précieux, ceux du nord donnent naissance à des vins d'une grande finesse. En Ardèche, Hervé Souhaut, qui a hérité du pressoir de Jules Chauvet, est fidèle aux leçons du maître. Il sait qu'un grand vin naît de la variété de ses levures indigènes, la macération par grappes entières permettant à ces dernières de faire exprimer aux raisins tout leur potentiel aromatique. Cela paraît peut-être un peu compliqué dit comme cela, mais c'est très simple à comprendre un verre de saint-joseph à la main. Ceux que produisent Hervé et Béatrice Souhaut au Domaine de Romaneaux-Destezet ont de beaux arômes de framboise et de violette et une bouche chocolatée arrondie par des élevages longs. La syrah telle qu'en elle-même enfin l'éternité la change. Inutile de préciser qu'à Arlebosc on résiste à la pression de l'économie spectaculaire-marchande, à ses pompes, à ses œuvres et à ses commandements. Les côtes-du-rhône produits au Domaine de Romaneaux-Destezet n'ont rien de commun avec ces crus sucrés, boisés, concentrés et écœurants comme du sirop de cassis mis à la mode par les marchands américains. Parmi les belles réussites d'Hervé Souhaut, les saint-josephs rouges produits sur la côte de Sainte-Epine, juste en face d'Hermitage. Magnifique également, le vin de pays de l'Ardèche blanc dont les notes d'abricot révèlent la généreuse proportion accordée au viognier.

Domaine de Romaneaux-Destezet
07410 Arlebosc
Tél. : 04. 75. 06. 78. 23
Prix caviste : 28 €

FLEURIE, L'ULTIME, YVON MÉTRAS

A l'*aeroporto international São Paulo-Guarulhos*, j'ai un jour découvert un livre intitulé *França Beaujolais* de Katia Zero, une journaliste de l'*Estado de São Paulo* installée à New York. La seule quatrième de couverture m'a mis en confiance : "Le Beaujolais est beau à mourir, c'est sans doute la région viticole la plus belle du monde... C'est l'artisanat contre la massification, le réconfort contre le prédateur, le petit contre le grand. La formule européenne de consommer peu et bien contre le style américain de dépenser beaucoup et mal." J'ai été plus stupéfait encore en découvrant à l'intérieur une notice consacrée à Marcel Lapierre, "le fameux pionnier, le premier qui a abandonné l'usage du soufre et des autres produits chimiques en vinification", ainsi qu'à Yvon Métras, qualifié de "Greta Garbo des producteurs" et d'"ermite antisocial". Le compliment lui ira droit au cœur. "Obtenir une visite chez lui donne du travail, mais il est récompensé. Parce que ses vins sont excellents..." Plutôt bien vu. Il est vrai que les vins d'Yvon ne laissent pas d'enchanter. A Fleurie, petit village à la blanche église perchée sur sa colline, Yvon Métras est un homme avisé, qui profite de vignes exceptionnellement situées pour produire un des meilleurs crus de l'appellation, sans doute un des premiers vins du Beaujolais, gras, gourmand, tout en cerise, en violette et en réséda. Ce qui séduit, dans les vins d'Yvon Métras, c'est qu'ils sont à la fois force et finesse, qu'il s'agisse de la cuvée L'Ultime, du fleurie générique ou de la cuvée de printemps. Aux amateurs de bordeaux chocolatés, il faut faire découvrir ces vins à la bouche éclatante, étonnants concentrés de fraîcheur et de fruits rouges.

Yvon Métras
La Pierre
71570 Romanèche-Thorins
Tél. : 03. 85. 35. 59. 82
Prix caviste : 28 €

CHEVERNY, DÉSIRÉ, DOMAINE DU MOULIN, MAGNUM

Il y a quelque agrément à s'égarer dans le Loir-et-Cher. C'est un des départements de France où l'on trouve le plus de viticulteurs convertis à l'agriculture biologique. Chez Hervé Villemade, où nous nous sommes arrêtés une claire journée d'automne, nous avons vidé de beaux flacons de cheverny générique (50 % gamay, 50 % pinot noir) et de cheverny Les Ardilles (80 % pinot noir, 20 % gamay). Taciturne et concentré sur son objet, Hervé Villemade a appris le métier au lycée viticole d'Amboise, avant de reprendre les 13,5 hectares du domaine familial au milieu des années 1990. Son travail s'est situé dans le prolongement de celui de son grand-père Désiré, venu de Paris à Cellettes à la veille de la Seconde Guerre mondiale, et de son père Henri. Les innovations introduites approfondirent sans rupture la démarche de ces devanciers. C'est ainsi qu'Hervé Villemade a décidé de parfaire le travail soigné de la vigne en reprenant les labours et de s'essayer à des vinifications douces et naturelles comme Marcel Lapierre les encourageait depuis quelques années dans le Beaujolais. Les effets n'ont pas tardé à se faire sentir. Toujours soucieux de vendanger des raisins très beaux et très mûrs, Hervé Villemade a réussi à produire des vins d'une ébouriffante complexité aromatique. "Le métier de vigneron n'est pas plus compliqué que ça, explique-t-il. Ce n'est pas la peine de s'énerver en cuverie si on rentre un raisin biologiquement mort. Il faut se faire mal aux mains toute l'année dans les vignes pour rentrer le plus beau fruit possible, riche en levures indigènes." La leçon appliquée à la lettre donne de brillants résultats. Cette réussite est d'autant plus exemplaire qu'Hervé Villemade travaille un terroir sur lequel les buveurs d'étiquette n'auraient pas misé un centime avant que la démonstration soit faite qu'il pouvait donner naissance à de très grands vins. Comme son voisin Thierry Puzelat, Hervé Villemade produit des "vins d'auteur", où la marque singulière du vigneron se sent derrière chaque bouteille. Ainsi sa cuvée Désiré (100 % pinot noir), à faire pâlir de jalousie les Bourguignons. Un vin magistral, construit, concentré, racé, friand en bouche, éclatant de fruits rouges et d'arômes floraux.

Domaine du Moulin
Le Moulin neuf
41120 Cellettes
Tél. : 02. 54. 70. 41. 76
Prix caviste : 30 €

VDT, LE SOULA, CASOT DES MAILLOLES

Certains gâcheurs de raisins ont du mal à accepter qu'il soit aujourd'hui possible de travailler sans le moindre milligramme d'anhydride sulfureux, ni lors de la récolte, ni au moment de la vinification, ni au moment de la mise en bouteilles. Il faut leur faire découvrir les extraordinaires cuvées du Domaine du Casot des Mailloles à Banyuls-sur-Mer. 5 hectares de vignes plantées sur de minuscules terrasses, une absence totale de pesticide et d'insecticide, un domaine entièrement travaillé à la main par Alain Casteix et Gyslaine Maguier, deux des vignerons les plus extraordinaires qu'il soit aujourd'hui permis de rencontrer en France. Le superbe Blanc du Casot est issu de grenache blanc et de grenache gris. En plus d'arômes de pâte de coings, un 2001 récemment dégusté tirait du côté du fumé d'un vieux whisky, avec une bouche grasse et onctueuse. Deux années après sa mise en bouteilles, il donnait toute sa mesure. Les cuvées rouges Le Soula et Le Clôt de Taillelauque bénéficiaient naguère de l'AOC collioure. Comme la plupart des vignerons libres dans leurs terroirs mentaux, Alain Casteix et Gyslaine Maguier s'en passent désormais et les proposent en vin de table (comme le Blanc du Casot), ce qui est tout de même un comble pour ces magnifiques cuvées issues d'une majorité de grenache rouge et de divers cépages parmi lesquels on retrouve du mourvèdre et du carignan. Des grands vins libres, vivants, denses et fruités, aux tanins délicieusement fondus. A placer très haut dans la hiérarchie de l'amateur de vins naturels.

Casot des Mailloles
17, avenue du Puig-del-Mas
66650 Banyuls-sur-Mer
Tél. : 04. 68. 88. 59. 37
Prix caviste : 32 €

HERMITAGE, DARD ET RIBO

La révélation nous est venue d'un hermitage rouge 2000 dégusté au *Tonneau des Halles* à Paris, un bel après-midi de soleil. L'automne finissait tranquillement sous les tilleuls, le vent soulevait les dernières robes d'été, découvrant les jambes bronzées des filles. C'était un jour où la mesure du boire était de boire sans mesure. Dans la carafe sur la table, le vin de René-Jean Dard et François Ribo était rubis foncé. Nous avons été frappés par son arôme large, aux notes de confiture de cerises noires, d'encens et de tabac. Après une demi-heure d'attente, la syrah avait pris une superbe élégance, avec des parfums de Zan, de camphre et de violette très équilibrés. La bouche était soyeuse, très fine, façon de dentelle couronnée par une finale de rose fanée et de laurier. Des vignobles de Saint-Joseph et de Crozes-Hermitage, on pouvait descendre tranquillement vers le sud, s'arrêter au niveau de Tain-l'Hermitage, charmant village de la Drôme, et déguster les vins de MM. Dard et Ribo, dont la gamme couvre une bonne partie des appellations des côtes-du-rhône septentrionales. Des crus sauvages pour quelques-uns, mais souvent d'une grande finesse pour qui sait attendre avant de les boire. Outre l'hermitage, dont les cuvées 2001 et 2002 ne nous ont pas moins réjouis que les précédentes, il a fallu découvrir les saint-josephs et les crozes-hermitages, l'un et l'autre proposés en blanc et en rouge. Difficile de choisir tant ces vins flirtent avec l'excellence. Par la grâce de René-Jean Dard et François Ribo, vignerons français, nous avons ressuscité le vieux slogan que les gauchistes italiens peignaient sur les murs des usines Fiat à Turin : *Vogliamo tutto !* Nous voulons tout.

Dard et Ribo
Blanche-Laine
26600 Mercurol
Tél. : 04. 75. 07. 40. 00
Prix caviste : 38 €

CORNAS, THIERRY ALLEMAND

Sur la rive droite du Rhône, en face de Valence, Thierry Allemand cultive ses vignes avec un soin rare. Ceux qui connaissent ce beau terroir aux vignes pentues comprennent qu'un travail traditionnel de la terre exige ici un investissement physique du vigneron. Les vignes de Thierry Allemand sont travaillées à la pioche, sans la moindre utilisation d'intrants chimiques. Les rendements sont bas, moins de 30 hectolitres par hectare, et les jus très concentrés. Le caractère rustique des arômes primaires de la syrah, soutenu par un terroir singulier à base volcanique, s'accorde à des arômes secondaires d'une belle finesse, au terme d'élevages longs, respectueux de vins vivants, ni collés, ni filtrés, ni même sulfités pour les plus belles cuvés. Les puissants cornas de Thierry Allemand accompagnent merveilleusement une poule faisane ou un gibier à poil. Des vins dont le prix de vente élevé, loin d'être la rançon de la spéculation, correspond au travail d'un vigneron en accord avec les grandeurs et les contrariétés de son appellation d'origine.

Thierry Allemand
22, impasse des Granges
07130 Cornas
Tél. : 04. 75. 81. 06. 50
Prix caviste : 40 €

VOSNE-ROMANÉE, HAUTES-MAIZIÈRES "PURE", PRIEURÉ-ROCH

Choisir c'est renoncer, répétait Gide. Et c'est un crève-cœur d'élire un vin plutôt qu'un autre au Domaine Prieuré-Roch. Le clos-de-vougeot en magnum ? Le nuits-saint-georges du Clos des Corvées ? Le chambertin Clos de Bèze pour cuisiner un coq au vin ? Optons pour le vosne-romanée Hautes-Maizières "pure". Ce n'est pas ce qu'il y a de plus cher au domaine, c'est ce qu'il y a de plus réservé, peut-être même de meilleur. Henry-Frédéric Roch n'en produit que 600 bouteilles chaque année à partir de quelques ares rachetées au Domaine de la Romanée-Conti dont il assure par ailleurs la cogestion avec Aubert de Vilaine. Ces vignes situées sous les Suchaux, à côté de Richebourg, n'ont jamais été accablées de chimie. Ainsi le vosne-romanée des Hautes-Maizières maintient-il le contact avec les beaux bourgognes d'autrefois. La cuvée "pure" est vendue exclusivement aux *Caves Augé* à Paris, qui les destinent aux amateurs distingués et à quelques restaurants, comme *Le Baratin.* C'est un vin complètement nature, mis en bouteilles pièce par pièce par gravité. Un bourgogne comme il devait s'en faire au Moyen Age, somptueux, soyeux, aux puissantes notes de fruits rouges, de sous-bois et d'épices. Les tanins sont joliment fondus et la bouche de dentelle, subtile et ineffable reste caractéristique du pinot noir, ce qui n'est malheureusement plus toujours le cas dans les côtes-de-nuits.

Domaine Prieuré-Roch
22, rue du Général-de-Gaulle
21700 Nuits-Saint-Georges
Tél. : 03. 80. 62. 00. 00
Prix caviste : 48 €

CARNET D'ADRESSES

… Nous nous rabattîmes sur le bistrot.
— Je n'y pense jamais le premier, dit Cazal, et pourtant il n'y a que là qu'on est bien.
Il commanda des tripes pour tout le monde, exigea du patron qu'il criât "Mort aux vaches !" avec nous, puis nous fit mettre à table.

ANTOINE BLONDIN, *L'Humeur vagabonde.*

CAVES A VINS

La Part des Anges
17, rue Gubernatis
06000 Nice
Tél. : 04. 93. 62. 69. 80

Vins et Plume
9, chemin du Servan
06130 Plascassier
Tél. : 04. 92. 60. 48. 36

La Part des Anges
33, rue Sainte
13001 Marseille
Tél. : 04. 91. 33. 48. 18

La Cave de Baille
133, boulevard Baille
13005 Marseille
Tél. : 04. 96. 12. 05. 68

Caves Damiani
114, avenue de la Capelette
13010 Marseille
Tél. : 04. 91. 79. 61. 68

La Cave du Vigneron
855, chemin Albert-Guigou
13290 Les Milles
Tél. : 04. 42. 39. 98. 18

La Part des Anges
551, avenue Douard
13400 Aubagne
Tél. : 04. 42. 70. 40. 27

Les Caves Bretonnes
8, rue Michelet
22000 Saint-Brieuc
Tél. : 02. 96. 33. 40. 82

Le Temps des Vendanges
9, place de l'Estrapade
31300 Toulouse
Tél. : 05. 61. 42. 94. 66

Les Petits Poids
48, rue des Filatiers
31000 Toulouse
Tél. : 05. 61. 55. 52. 48

Le Tire-Bouchon
23, place Dupuy
31000 Toulouse
Tél. : 05. 61. 63. 49. 01

Vinéa
Centre commercial Saint-Caprais
31240 L'Union
Tél. : 05. 34. 27. 17. 75

La Cave du Sommelier
24, rue Hoche
35000 Rennes
Tél. : 02. 99. 63. 14. 68

Histoires de Vins
47, rue Vasselot
35000 Rennes
Tél. : 02. 99. 79. 18. 19

La Cave du Sommelier
23 *bis*, rue du Port
35260 Cancale
Tél. : 02. 99. 89. 92. 50

Caves de l'abbaye Saint-Jean
7, rue des Cordiers
35400 Saint-Malo
Tél. : 02. 99. 20. 17. 20

Mille et Un Vins
13, place Gaston-Paillhou
Halles centrales
37000 Tours
Tél. : 02. 47. 20. 68. 49

La Cave 47
47, avenue de la Tranchée
37100 Tours
Tél. : 02. 47. 41. 20. 66

Le Verre Galant
6, rue François-Gillet
42000 Saint-Etienne
Tél. : 04. 77. 37. 81. 79

Bacchuseum
13, rue Victor-Massé
56100 Lorient
Tél. : 02. 97. 21. 66. 88

Le Vercoquin
33, rue de la Thibaudière
69007 Lyon
Tél. : 04. 78. 69. 43. 87

Les Vins de Sébastien
Route de Lozanne
69380 Civrieux-d'Azergues
Tél. : 04. 72. 54. 62. 61

Lavinia
3-5, boulevard de la Madeleine
75001 Paris
Tél. : 01. 42. 97. 20. 20

Le Louvre Ripaille
1, rue Perrault
75001 Paris
Tél. : 01. 42. 97. 49. 91

Caves Augé
116, boulevard Haussmann
75008 Paris
Tél. : 01. 45. 22. 16. 97

Le Verre Volé
67, rue Lancry
75010 Paris
Tél. : 01. 48. 03. 17. 34

Cave de l'Insolite
30, rue de la Folie-Méricourt
75011 Paris
Tél. : 01. 53. 36. 08. 33

Crus et Découvertes
7, rue Paul-Bert
75011 Paris
Tél. : 01. 43. 71. 56. 79

Caves du square Trousseau
1, rue Antoine-Vollon
75012 Paris
Tél. : 01. 43. 43. 06. 00

La Cave des Papilles
35, rue Daguerre
75014 Paris
Tél. : 01. 43. 20. 05. 74

Le Chapeau Melon
92, rue Rébéval
75019 Paris
Tél. : 01. 42. 02. 68. 60.

Lieu-Dit
19, avenue de Saint-Cloud
78000 Versailles
Tél. : 01. 39. 50. 53. 40

A L'ÉTRANGER

La Cave des Vins Natures
Roppongi Minato-ku
106-0032 Tokyo
Tél. : 00. 03. 5772. 6327

BISTROTS & RESTAURANTS

Aux Crieurs de Vin
4, place Jean-Jaurès
10000 Troyes
Tél. : 03. 25. 40. 01. 01

Chez Ariane
2, rue du Docteur-Fanton
13200 Arles
Tél. : 04. 90. 52. 00. 65

Les Trois Salons
18, rue du Docteur-Blanchard
30700 Uzès
Tél. : 04. 66. 22. 57. 34

L'Arsouille
17, rue Paul-Bert
35000 Rennes
Tél. : 02. 99. 38. 11. 10

Maison de Bricourt
1, rue Du-Guesclin
35260 Cancale
Tél. : 02. 99. 89. 64. 76

Les Linottes Gourmandes
22, rue Georges-Courteline
37000 Tours
Tél. : 02. 47. 38. 34. 82

Restaurant La Promenade
11, rue Savoureulx
37350 Le Petit-Pressigny
Tél. : 02. 47. 94. 93. 52

Hôtel-Restaurant Les Roches
21, route Nationale
37420 Avoine
Tél. : 02 47 58 97 57

Lou Capetout
3, rue Viard
64000 Pau
Tél. : 05. 59. 62. 40. 34

Etche Ona
15, place Floquet
64220 Saint-Jean-Pied-de-Port
Tél. : 05. 59. 37. 01. 14

Arrantzaleak
18, avenue Jean-Poulou
64500 Ciboure
Tél. : 05. 59. 47. 10. 75

L'Ardoise
28, rue du Mont-Thabor
75001 Paris
Tél. : 01. 42. 96. 28. 18

L'Arpent
12, rue Jean-Jacques-Rousseau
75001 Paris
Tél. : 01. 42. 36. 52. 90

Aux Tonneaux des Halles
28, rue Montorgueil
75001 Paris
Tél. : 01. 42. 33. 36. 19

Café de la Nouvelle Mairie
19, rue des Fossés-Saint-Jacques
75005 Paris
Tél. : 01. 44. 07. 04. 41

Les Papilles
30, rue Gay-Lussac
75005 Paris
Tél. : 01. 43. 25. 20. 79

Ribouldingue
10, rue Saint-Julien-le-Pauvre
75005 Paris
Tél. : 01. 46. 33. 98. 80

Le Comptoir du Relais
7, carrefour de l'Odéon
75006 Paris
Tél. : 01. 43. 29. 12. 05

L'Ami Jean
27, rue Malar
75007 Paris
Tél. : 01. 47. 05. 86. 89

Le Violon d'Ingres
135, rue Saint-Dominique
75007 Paris
Tél. : 01. 45. 55. 15. 05

Le Bristol
112, rue du Faubourg-Saint-Honoré
75008 Paris
Tél. : 01. 53. 43. 43. 00

Autour d'un Verre
21, rue de Trévise
75009 Paris
Tél. : 01. 48. 24. 43. 74

Casimir
6, rue de Belzunce
75010 Paris
Tél. : 01. 48. 78. 28. 80

Chez Michel
10, rue de Belzunce
75010 Paris
Tél. : 01. 44. 53. 06. 20

Bistrot Paul-Bert
18, rue Paul-Bert
75011 Paris
Tél. : 01. 43. 72. 24. 01

Le Chateaubriand
129, avenue Parmentier
75011 Paris
Tél. : 01. 43. 57. 45. 95

L'Ecailler du Bistrot
22, rue Paul-Bert
75011 Paris
Tél. : 01. 43. 72. 76. 77

La Muse Vin
101, rue de Charonne
75011 Paris
Tél. : 01. 40. 09. 93. 05

Repaire de Cartouche
8, boulevard des Filles-du-Calvaire
75011 Paris
Tél. : 01. 47. 00. 25. 86

Le Temps au Temps
13, rue Paul-Bert
75011 Paris
Tél. : 01. 43. 79. 63. 40

L'Ourcine
92, rue de Broca
75013 Paris
Tél. : 01. 47. 07. 13. 65

La Régalade
49, avenue Jean-Moulin
75014 Paris
Tél. : 01. 45. 45. 68. 58

L'Os à Moelle
3, rue Vasco-de-Gama
75015 Paris
Tél. : 01. 45. 57. 27. 27

Le Troquet
21, rue François-Bonvin
75015 Paris
Tél. : 01. 45. 66. 89. 00

L'Entredgeu
83, rue Laugier
75017 Paris
Tél. : 01. 40. 54. 97. 24

Le Baratin
3, rue Jouye-Rouve
75020 Paris
Tél. : 01. 43. 49. 39. 70

L'Etape Gourmande
125, rue Yves-Le-Coz
78000 Versailles
Tél. : 01. 30. 21. 01. 63

INDEX DES DOMAINES
ET DES VIGNERONS

INDEX PAR RÉGION

CHAMPAGNE

LANGUEDOC, ROUSSILLON

LOIRE

Remerciements à Hélène Didier, directrice de *L'Opinion indépendante* de Toulouse. A Marcel Lapierre. A Frédéric Cossard. A Eric et Marie-Lau Pfifferling. A Charles Hours. A Marc Sibard.

Nunc est bibendum

TABLE

OUVRAGE RÉALISÉ
PAR L'ATELIER GRAPHIQUE ACTES SUD
ACHEVÉ D'IMPRIMER
EN AOÛT 2006
PAR L'IMPRIMERIE FLOCH
A MAYENNE
POUR LE COMPTE DES ÉDITIONS
ACTES SUD
LE MÉJAN
PLACE NINA-BERBEROVA
13200 ARLES

DÉPÔT LÉGAL
1re ÉDITION : SEPTEMBRE 2006
N° impr. : 66312
(Imprimé en France)